AF455465

ÉLOGE

DE

RAVEZ

PRONONCÉ

PAR

M. PAUL SAUZET

PRÉSIDENT DE L'ACADÉMIE DE LYON

Dans la séance publique du 22 décembre 1863.

LYON

IMPRIMERIE D'AIMÉ VINGTRINIER,

RUE BELLECORDIÈRE, 14.

1864

ÉLOGE DE RAVEZ

L'anniversaire que nous célébrons aujourd'hui fut (1), pendant des siècles, la fête de l'éloquence à Lyon. Gardienne de toutes les généreuses traditions, l'Académie a consacré cet antique usage par ses plus solennelles séances. Il y a deux ans, un de nos plus brillants confrères (2) nous racontait l'histoire intéressante de ces triomphes oratoires de nos pères, et sa parole même nous en montrait le retour. Il peignit en traits aussi animés que fidèles une figure lyonnaise, qui commença par l'éclat et finit dans l'obscurité. Chacun se souvient de cette dramatique monographie qui vengea Bergasse de l'oubli. L'orateur fit mieux que réhabiliter une renommée ; il ressuscita une mémoire. Je ne sache pas de plus noble tâche pour les compagnies savantes que de remettre en lumière les illustrations que le temps a laissé pâlir, de ranimer le souvenir

(1) On sait que c'était à Lyon un usage immémorial que, le jour de la Saint-Thomas, un avocat, choisi par le Consulat, portât la parole à l'installation solennelle des échevins. Tous les honneurs de la journée étaient pour le jeune orateur ; on lui déférait la première place au banquet comme au théâtre, il donnait le mot d'ordre à la garnison, etc.

(2) M. Léopold de Gaillard, biographie de Bergasse, mém. de l'Académie, t. 10.

des intelligences qui ont honoré l'humanité, et de donner, en quelque sorte, une nouvelle vie à la plus belle œuvre du Créateur. Les Académies sont le foyer qui ne s'éteint jamais et qui garde religieusement le dépôt de nos gloires, pour les faire rayonner à leur heure et leur assurer une place immortelle dans le sanctuaire de la cité, dans le temple de la patrie.

Ces glorifications posthumes sont d'ailleurs conformes à l'esprit du temps. Ce siècle, si fertile en contradictions, se montre surtout inconséquent pour ce qui touche le passé. On dédaigne ses institutions, on restaure ses monuments; on est oublieux de ses principes, curieux de ses renommées. Jamais les grandes vies ne furent étudiées avec plus de scrupule, célébrées avec plus de respect. On dirait qu'à mesure que la mobilité des temps et la fragilité des opinions affaissent plus tristement les caractères devant le prestige de la fortune et le culte du succès, les âmes sentent plus profondément le besoin de chercher dans les types vigoureux du passé la constance qui nous échappe et la durée qui nous fuit.

Ces natures fortes et sereines nous enseignent par leurs luttes courageuses, et nous attachent par leurs pacifiques triomphes. On ressent dans la contemplation de leur histoire je ne sais quelle satisfaction douce et grave tout ensemble, qui nous rend plus vigilants sur nous-mêmes, plus fiers de la vertu de nos devanciers, plus jaloux du suffrage de nos descendants.

Emu de cette pensée, fidèle à un noble exemple, je viens, à mon tour, payer un tribut à une de nos plus hautes illustrations. Celle-là n'avait rien perdu par le temps, mais elle avait grandi loin de nous et les événements l'avaient appelée à briller sur un autre théâtre. On a fait rejaillir tout l'éclat de Ravez sur la cité qui honora sa carrière et possède sa tombe. Je viens en revendiquer une part pour celle qui éleva sa jeunesse et le vit préluder à sa gloire. La patrie qui reçut les premiers battements de notre cœur ne saurait rester étrangère aux destinées de notre vie. On redit son nom avec orgueil, on se souvient avec amour de ses premiers applaudissements. Ses leçons furent notre première dot, et nos grandeurs comptent dans son patrimoine. Le berceau, c'est la patrie devant l'histoire.

Aussi, de nos jours, les statues de nos morts illustres s'élèvent-elles de toutes parts au sein de leurs villes natales. Vous possédez celle de Suchet, et le patriotisme éclairé de l'administration dirigée par un (1) de nos honorables associés, nous est un sûr garant que nous n'attendrons pas longtemps celle d'Ampère.

Mais que sert de comparer les droits de deux villes accoutumées à s'enrichir l'une l'autre par l'échange de leurs supériorités religieuses et politiques (2), et assez fécondes, toutes deux, pour n'avoir à s'envier aucune renommée ?

Laissons là ces stériles parallèles.... Une telle vie est assez pleine pour suffire à l'illustration de deux cités.

Bordeaux a déjà payé son tribut d'honneur et de reconnaissance, Toulouse même a voulu donner à Ravez un solennel souvenir : Lyon ne peut faillir à de tels exemples.

Déjà notre Conseil municipal a décoré du nom de Ravez une de ces rues nouvelles, qu'une transformation bienfaisante a ouvertes à l'air et à la lumière. Mais il appartient sur-

(1) M. le sénateur Vaïsse, administrateur du Rhône, membre associé de l'Académie.

(2) La magistrature peut citer, pour ces derniers temps, MM. de la Seiglière et Devienne. Aujourd'hui encore, Lyon s'honore de donner à Bordeaux son premier pasteur, le vénérable cardinal Donnet, et Bordeaux a envoyé au diocèse de Belley, jadis uni au nôtre, Mgr de Langalerie, l'un des types les plus suaves de la dignité épiscopale.

tout à l'Académie, patronne naturelle de toutes les célébrités lyonnaises, de donner à cette grande mémoire la place qui lui appartient dans les annales de la cité. Le temps même aura imprimé une nouvelle autorité à vos paroles. Le moment des funérailles est souvent celui des complaisances oratoires ; ce jour-là les inimitiés sommeillent, les services revivent, les faiblesses restent dans l'ombre ; la flatterie envers les morts prend les proportions d'une générosité délicate et presque d'un pieux devoir ; la vérité se tait, et l'histoire attend.

Mais de nos jours les enthousiasmes personnels s'éteignent vite, et après quinze années dont les vicissitudes égalent celles d'un siècle, la voix de la louange ne peut plus passer pour le vain écho d'une adulation posthume.

De son côté, l'esprit de parti saura respecter une tombe si glorieusement fermée. Il poursuit longtemps encore la mémoire des gouvernements qui laissent après eux tant d'intérêts et de passions ; mais le spectacle de nos variations politiques a appris aux opinions les plus diverses à honorer partout la grandeur des caractères. La justice arrive plus vite pour les hommes que pour les dynasties.

Le jour est donc venu, et puisque votre inépuisable bienveillance m'a appelé encore une fois aux honneurs de cette présidence littéraire, il m'a paru que je ne pouvais, pour répondre à votre confiance, choisir un sujet plus digne de vous. Permettez-moi d'ajouter que j'acquitte, en même temps, une dette personnelle envers une autre présidence que Ravez exerça, pendant neuf années, par le choix de la Couronne et le suffrage des députés du pays.

Singulier rapprochement des temps et des destinées !..

La dernière fois que j'ai pris la parole dans cette enceinte, il m'a été donné de prononcer l'éloge d'un vertueux ministre, qui garda quelques mois les Sceaux de France, remis sous un autre règne à mes trop faibles mains. Et aujourd'hui, je viens offrir un hommage à un éloquent compatriote qui honora longtemps ce fauteuil parlementaire dont l'indulgence de mes collègues a bien voulu, plus tard, me déférer l'héritage. Ainsi, j'ai succédé à deux lyonnais illustres sans jamais avoir prétendu à l'honneur de les égaler ; et il me semble que le droit de les louer tous deux est le meilleur moyen que m'ait laissé la Providence d'oublier la distance et de m'élever jusqu'à eux.

Peu de carrières sont plus dignes d'être retracées que celle de Ravez : on n'en saurait trouver de plus pleine, de plus variée, de plus haute.

Le barreau, la politique, la magistrature, il a tout parcouru, et il s'est assis sur tous les sommets.

Il a traversé les persécutions et les grandeurs ; il les a portées dignement.

Il a vu les prisons comme le palais des rois, et son âme n'a connu ni la faiblesse ni l'enivrement. Il a toujours grandi sans se démentir jamais.

Et cette grandeur ne s'est pas arrêtée à la tombe : sa mémoire n'aura pas plus de déclin que sa vie.

Ravez (Auguste-Simon-Hubert-Marie) naquit à Lyon en 1770, au sein d'une famille honorable, mais modeste : Un tel homme n'avait pas besoin d'aïeux, c'était lui qui allait devenir un ancêtre.

Au reste, cette médiocrité de position ne l'empêcha pas de puiser à l'école du foyer domestique cette distinction de manières qui ne s'apprend guère plus tard, cette élévation de sentiments et de principes qui ne se perd jamais. Il appartenait à cette industrieuse bourgeoisie, fidèle aux mœurs chrétiennes, aux vertus de famille, aux loyales traditions qui caractérisaient une ville où le travail persévérant arrivait lentement à la fortune, mais sûrement à la considération publique.

Ravez perdit son père de bonne heure : sa mère n'épargna aucun sacrifice pour féconder les heureuses dispositions de son fils. Elle voulut pour lui les meilleures écoles et les meilleurs maîtres ; elle le confia à la savante Congrégation de l'Oratoire. Mon père qui avait suivi les mêmes études, m'a souvent entretenu avec émotion des succès précoces de son ancien condisciple. J'ai le droit de dire qu'il était digne de l'apprécier.

Ravez montra dès sa plus tendre jeunesse cette heureuse alliance de l'imagination, du jugement et de la mémoire qu caractérise la plénitude du génie.

La nature, en lui prodiguant toutes ces facultés morales, ne l'avait pas moins richement doté de ces qualités extérieures dans lesquelles l'Antiquité, toujours idolâtre de la forme, se plaisait à admirer le plus séduisant prestige de l'orateur.

Une voix harmonieuse et puissante, qui suffisait sans fatigue aux plus vastes enceintes, un port majestueux, un geste tour à tour ardent et grave, un regard vif et profond, des traits nobles et doux, — tels étaient les dons privilégiés du jeune lyonnais, destiné à présider un jour les grandes assemblées de son pays.

De telles qualités l'appelaient à la profession d'avocat ; ses succès furent rapides. A vingt ans on l'entourait au barreau, on le recherchait dans le monde, on le chérissait dans la cité. Tout semblait lui promettre dans sa ville natale un long et brillant avenir.

Mais les évènements en disposèrent autrement.

La révolution qui devait transformer la France et bouleverser l'Europe, allait exercer une décisive influence sur la vie entière de Ravez.

Il n'avait pas vingt ans quand s'ouvrit l'année 1789. Au milieu de cette atmosphère bouillonnante d'aspirations généreuses et de téméraires entraînements, il partagea tous les élans de son âge ; il n'en subit pas les illusions. Tandis que tant d'esprits fermes s'abandonnaient au torrent qui entraînait tout, Ravez pressentait déjà ses débordements funestes, et courait à la digue pour venir en aide à la société menacée.

Il se montrait ainsi le digne enfant de cette cité qui ne sépara jamais la religion de la science, et l'ordre de la liberté ; qui se montra si ardente à inaugurer 1789, et si héroïque en luttant contre 1793.

La liberté de conscience fut la première attaquée, et avec elle on confisqua bientôt toutes les autres. On voulut réglementer la religion par des lois ; mais dès que la main de l'homme touche à ce dépôt sacré, elle ne tarde pas à s'en prendre au culte même de Dieu. Le signal des persécutions fut donné : les réformes avaient disparu, les violences commençaient. On entrait dans ce terrible passage qu'on appelle l'état révolutionnaire, qui déshérite les nations de leur histoire et brise les autels comme les images des ancêtres, jusqu'au jour où une heureuse alliance du présent et du passé apaise les passions, marque le progrès régulier des siècles et garantit la sécurité de l'avenir.

Ravez avait combattu les abus des puissants ; mais quand les puissants devinrent les opprimés, il se rangea, sans hésiter, du côté des victimes.

En 1791, il défendit les prêtres insermentés, dont la révolution voulait contraindre la croyance au nom de la liberté.

Sept d'entre eux, coupables seulement d'avoir exercé le culte de leurs pères, furent enfermés à Pierre-Scize et condamnés par les premiers Juges. Ravez défendit leur appel devant le tribunal du district, avec un courage que rien ne put ébranler. Il faut dire, à l'honneur de notre ville, que le défenseur trouva un appui dans le représentant même du ministère public.

Ces graves fonctions étaient alors remplies par Pierre-Thomas Rambaud, qui depuis monta avec tant d'honneur à toutes les magistratures de son pays, où il fut successivement procureur-général près la Cour d'appel et maire de la cité. Dans un réquisitoire dont mon honorable confrère et ami, M. le président Durieu, retraçait naguère, ici même, avec son talent accoutumé le précieux souvenir (1), l'indépendante fermeté du magistrat n'hésita pas à conclure à l'acquittement des accusés. Le Tribunal s'éleva à la hauteur de ces deux paroles ordinairement rivales, et cette fois saintement unies pour la protection des faibles, parmi lesquels il fallait compter alors la religion et la justice ; les accusés furent mis en liberté.

Ce succès ne découragea pas les anarchistes ; seulement ils changèrent leur point d'attaque.

Cette belle garde nationale qui s'était armée avec un élan si rapide pour la protection du territoire et des lois de la patrie, n'avait pas tardé à devenir suspecte aux clubs qui voulaient substituer le despotisme de la force au règne de la liberté. En avril 1792, ils dénoncèrent deux de ses officiers, MM. Dareste et Daudé, comme coupables d'avoir insulté un employé de la police municipale, alors servilement dévouée à leur sinistre influence. Le délit était imaginaire, mais il se trouva un tribunal pour condamner.....

(1) Eloge de M. le Baron Rambaud, ancien président de l'Académie de Lyon, mém. de l'Académie, année 1858.

Les deux officiers appelèrent de cette pusillanime sentence. Ce fut encore Ravez qui fut chargé de la défense devant le tribunal supérieur. Il osa s'inscrire en faux contre le procès-verbal des agents subalternes, mais leurs affidés envahirent l'auditoire pour dominer les magistrats d'appel comme ils avaient intimidé les premiers juges. Le jeune avocat personnellement menacé courut risque de la vie ; toutefois, malgré les clameurs de la multitude, il sut faire triompher encore sa calme et énergique parole. Le tribunal admit l'inscription de faux contre le procès-verbal.

Alors l'irritation des clubs ne connut plus de mesure. Ils dominaient les conseils de la commune où régnait toujours l'influence de Chalier ; les magistrats furent dénoncés sur leurs siéges, et le défenseur jeté en prison. Tous se virent en même temps accusés d'avoir conspiré contre le peuple ; on demanda qu'ils fussent tous ensemble traduits devant la Haute Cour nationale ; l'Assemblée législative fut saisie.

Pendant ce temps, Ravez restait enfermé dans la prison que les hommes de bien devaient bientôt peupler seuls, et où les premiers accusés politiques se trouvaient alors confondus avec tous les malfaiteurs.

Ravez ne se sentit pas humilié de ce mélange : *Loyauté n'a honte !* et tel est l'ascendant de la vertu, que sa présence imposait à ses étranges compagnons, qui éprouvaient d'ailleurs pour le courage désintéressé du défenseur un involontaire respect.

La tradition nous a conservé le souvenir d'un singulier exemple du pouvoir de l'éloquence sur les plus perverses natures.

Un de ces malfaiteurs avait, dans la prison même, dérobé une montre à l'un des nombreux visiteurs de Ravez ; on n'avait pu découvrir le coupable. Le jeune avocat réunit autour de lui tous les détenus, et les rappela d'une manière si ferme et si touchante à ces sentiments de reconnaissance et d'honnêteté qui traversent quelquefois les cœurs les plus endurcis, que, le soir, on retrouva la montre à la place secrète que Ravez avait indiquée pour la restitution.

Ainsi, sous la puissante action de cette jeune parole, les prisons elles-mêmes semblaient se purifier ; la Terreur allait bientôt en faire des sanctuaires.

Cependant, le parti modéré luttait encore, et parfois à l'Assemblée législative il obtenait d'éphémères succès. Ce fut dans une de ces rares et courtes haltes de l'entraînement révolutionnaire que la Commission chargée d'instruire sur la dénonciation portée contre Ravez et le tribunal lyonnais fit son rapport à l'Assemblée. Elle trouva des accents pour défendre la liberté des avocats et l'indépendance des juges. Elle démontra aisément qu'il ne s'agissait ni de conspiration, ni de Haute Cour nationale, et, après une discussion animée, l'Assemblée passa à l'ordre du jour sur la pétition, le 22 juillet 1792.

Il était temps, car on arrivait à la veille du 10 août, et qu'eût-on pu faire le lendemain?.....

Ravez fut mis en liberté par suite du décret de l'Assemblée législative ; toutefois, la Commune voulut lui imposer un cautionnement qu'elle n'avait pas le droit d'exiger : M. Dareste, son client, lui servit de caution.

Mais bientôt la chute du trône et les massacres du 2 septembre eurent à Lyon leur sanglant contre-coup ; on sait les attentats de Pierre-Scize et de la prison de Roanne ; je jette un voile sur ces pages funèbres.....

Ravez se trouvait exposé des premiers au ressentiment des vainqueurs, car il leur avait deux fois enlevé leurs victimes, et le dernier effort des modérés de l'Assemblée l'avait lui-même arraché à leur vengeance. La famille de Ravez le conjura de se soustraire à leurs poursuites ; elle le détermina à abandonner le barreau pour le commerce, ét bientôt après à quitter la cité.

Il résista longtemps : mais quand il se vit chaque jour forcé de se cacher dans son propre pays, il dut se résigner et partir au mois de décembre 1792. Il ne voulait point émigrer à l'étranger. Sa famille lui avait laissé le choix du refuge entre Paris et Bordeaux : à Paris, il eût pu se perdre dans la foule, mais il pouvait se montrer à Bordeaux où la Gironde luttait contre la Montagne. Il préféra Bordeaux.

Il y arriva la veille de Noël, 24 décembre 1792. Il a raconté lui-même, en termes saisissants, les émotions de cette première journée de l'exil dans une ville où il se trouvait seul, sans aucun lien de famille ou d'amitié, et qui mérita bientôt de devenir sa seconde patrie.

Ravez ignorait encore s'il devait y rester, car il n'avait d'autre appui qu'une lettre de recommandation pour une maison de Bordeaux ; il n'était chargé auprès d'elle que d'une mission commerciale, mais il était écrit que cette vie devait illustrer le barreau.

Un jour, le négociant près duquel il était accrédité lui parle d'un grave procès dans lequel il était engagé : Ravez s'explique sur l'affaire avec tant de lucidité, que le négociant l'oblige à l'accompagner chez son procureur. Celui-ci est frappé à son tour du langage de Ravez, et le prie de rédiger l'acte qu'il conseillait. Ravez s'en défend, en répétant qu'il s'occupe de commerce et ne peut intervenir dans une question judiciaire. On insiste, il se rend ; le procureur trouve la rédaction parfaite ; sa vieille expérience a deviné l'avocat Résolu à se servir de son talent, il retient Ravez et le presse de plaider pour lui à la barre où d'ailleurs le titre d'avocat avait cessé d'être exigé.

Ravez se vit reconnu, il accepta. Le procureur lui envoya d'abord deux causes d'essai; elles étaient si ingrates et si minimes que Ravez les regarda comme un défi, mais il sut si bien les agrandir qu'on n'hésita pas à lui en confier une troisième vraiment digne de lui; c'était une question d'état. Ravez la plaida d'abondance, avec un tel éclat que le Président ne douta pas que son improvisation ne fît trop d'honneur à sa mémoire. Pour le mettre à l'épreuve, il ordonna la réplique immédiate; mais la réplique parut plus éloquente encore que la plaidoirie. La victoire fut complète. Ravez gagna la cause de son client et la sienne; l'auditoire lui fit une ovation unanime. L'avocat s'était révélé, le barreau avait reconquis Ravez et il garda sa conquête. Ravez a vécu et il est mort avocat.

Un incident non moins fortuit vint le jeter dans la politique qui devait partager, avec le barreau, toutes les grandeurs de sa vie. Le hasard le plaça un jour au théâtre, à côté d'un honorable représentant du parti modéré, qui périt depuis dans ces temps néfastes (1). Il n'avait jamais vu Ravez; mais à son isolement comme à son costume, il reconnut en lui un étranger; il jugea bien vite de ses opinions par son langage, et lui proposa de s'affilier à l'association politique de la Jeunesse bordelaise. C'était faire à son patriotisme un de ces appels qu'il entendit toujours. Ravez s'empressa d'accompagner son guide à Belleville où la Société se réunissait.

Cette association défendait avec énergie l'ordre et la liberté contre les violences des clubs démagogiques, répondant aux

(1) M. Cornut, avocat, qui a laissé à Bordeaux une mémoire universellement honorée.

provocations par des coups d'épée, et aux dénonciations par de hardis manifestes.

Ravez y avait à peine pris la parole, et déjà il avait fixé tous les regards : mais laissons-le parler lui-même (1) :

« Le temps, dit-il, marchait vite à cette époque, et la « police devenait de plus en plus ombrageuse et tracassière.

« Dans une réunion fort nombreuse et qui se tint à quel- « ques jours de ma présentation, il s'agissait d'élire un « président.

« Il y avait de l'animation dans la salle et une évidente « hésitation dans les groupes qui la formaient.

« J'étais fort tranquille à mon banc, mais il me semblait « que mon nom sortait du bruit et frappait mon oreille.

« On se désignait ma personne et les yeux se dirigeaient « curieusement vers moi ; la plupart, en effet, ne me con- « naissaient guère. Je ne savais que penser de cette scène « qui me semblait étrange, lorsqu'une députation se déta- « cha et vint, par l'organe de Cornut, me proposer la pré- « sidence.

« J'en fus surpris et le lui témoignai ; mais les instances « devinrent si pressantes et à la fois si unanimes que je « me rendis en leur disant :

« Que je ne pouvais comprendre de quel secours et de « quel poids je pouvais être, moi étranger, et si récemment « arrivé à Bordeaux ; que je n'y connaissais à peu près per- « sonne, que le dernier d'entre eux leur serait plus utile ; « que cependant, je voyais bien que la Société, composée « comme elle l'était, chacun de ses membres qui vivait « dans sa famille pouvait craindre d'être influencé par la « tendresse maternelle ou par la prudence des parents, et

(1) Voir dans la *Guienne* du 24 mai 1856 une lettre de M. de Saint-Marc qui rapporte textuellement un entretien personnel avec M. Ravez.

« qu'avec moi du moins ils n'en couraient pas les risques,
« et j'ajoutai : au surplus, il y a du danger, j'accepte. »

Tel était Ravez quand Lyon le donna à Bordeaux.

A peine élu, le nouveau président courut au-devant des responsabilités les plus périlleuses : un jour on le voit prendre l'initiative d'un appel aux vingt-huit sections de la ville ; un autre jour il marche à la tête de la jeunesse, pénètre au sein d'une section révolutionnaire et se fait rendre deux de ses camarades qu'elle avait audacieusement retenus prisonniers.

La section, irritée de ce courage, demanda au Conseil général de la commune la dissolution de la Société de la Jeunesse bordelaise. Le maire se rendit à Belleville et invita les jeunes gens à se retirer volontairement, pour éviter un déchirement à la cité et un danger à leurs familles. Ravez répondit sur le champ, avec une chaleur et une élévation dignes de la gravité des circonstances, qu'au lieu d'engager ses compagnons à se séparer, l'Administration devait, plus que jamais, les exhorter à rester unis contre les artisans de troubles. Les paroles de Ravez touchèrent à tel point le maire, que ce magistrat n'insista plus. Il était venu pour dissoudre la Société et il se retira après avoir félicité ces généreux champions de l'ordre (1). Ce fut un beau jour pour la puissance de la parole et de la vérité.

Mais le flot montait toujours. Les clubs commandèrent, cette fois impérieusement, la dissolution de la Jeunesse bordelaise. La dissolution était illégale : le Conseil général de la commune obéit.

Triste destinée des temps d'anarchie, où il est donné à l'écume de la société de refluer jusqu'à son sommet ! Les

(1) Ce récit est emprunté à l'intéressant ouvrage intitulé le *Barreau de Bordeaux*, par M. Chauvot, où on peut puiser de curieux détails sur les annales de Bordeaux, notamment à l'époque de la Révolution.

Clubs dominaient les Communes comme les Communes dominaient la Convention : et la France, comme les Communes et la Convention, ne connaissait d'autres maîtres que les ambitieux qui exploitent les passions du peuple et veulent déshonorer son nom.

L'arrêté de dissolution fut affiché dans Bordeaux et signifié à la Société.

Voici comment le Président répondit en son nom. Ravez se peint tout entier dans cette lettre, qui restera comme un titre d'honneur pour sa famille et comme un précieux document pour l'histoire de ces temps orageux : nous en donnons quelques extraits :

« Quelle est donc la loi, magistrats, qui vous autorise à « requérir notre dissolution ? Quelle est du moins la loi que « nous avons violée, et dont la violation puisse servir de « base à la réquisition que vous nous adressez ?....

« Vous invoquez, magistrats, le salut du peuple comme « loi suprême ?...

« Ce grand principe n'est gravé nulle part en caractères « plus ineffaçables que dans les cœurs ardents et sensibles « de la jeunesse bordelaise.

« Mais ne craignez-vous pas vous-mêmes que les fau- « teurs des désordres et de l'anarchie ne profanent bientôt « cette sublime vérité en la faisant servir à leurs funestes « projets ? Ne craignez-vous pas que les désorganisateurs qui « semblent vouloir punir la cité de Bordeaux de l'heureuse « paix dont elle jouit au sein des orages révolutionnaires qui « ont agité, bouleversé, ensanglanté même toutes les autres « parties de notre malheureuse France, n'exigent aussi, « comme mesure de salut public, de douloureux sacrifices « et n'amènent au milieu de nous, *au nom du salut public*, « ces malheurs et ces forfaits sur lesquels la justice et « l'humanité verseront des larmes éternelles?....

« Avez-vous dit à ce peuple, que nous ne nous assem-
« blons que pour maintenir les lois qui nous gouvernent,
« défendre les propriétés de nos pères, de nos amis, de nos
« concitoyens; protéger les personnes injustement compro-
« mises et anéantir les tyrans, sous quelque forme qu'ils se
« déguisent?...

« N'en doutez pas, magistrats, si vous eussiez tenu ce
« langage au peuple bordelais, il eût eu le succès que la
« voix de la vérité aura toujours près de lui, et vous ne vous
« fussiez pas mis vous-mêmes en opposition avec la loi. »

On retrouve bien là cet amour de la liberté et ce respect des lois qui furent la devise de toute sa vie. On était alors au 10 septembre 1793 : Robespierre régnait, la résistance était vaincue, toutes les villes avaient subi le joug l'une après l'autre ; celle de Lyon, qui luttait la dernière, était alors en proie aux horreurs d'un siége, dont la gloire devait être achetée par tant de sang et de ruines. Et c'était un de ses enfants qui, depuis un an séparé d'elle et jeté à Bordeaux par la violence des événements, prêtait à la cause des deux cités le secours de son invincible énergie.

Ravez ne s'en tint pas aux paroles. Il fit décréter par la Société que, nonobstant l'arrêté de dissolution, elle se constituait en permanence, et elle continua ses séances jusqu'au jour où l'entrée des proconsuls à la tête des bataillons conventionnels acheva d'étouffer la liberté sous le glaive de la dictature.

Cette occupation militaire marqua la dernière chute de cette célèbre Gironde qui voulut faire revivre pour la France les républiques de l'antiquité, comme elle en avait ressuscité l'éloquence.

Sa politique a divisé les contemporains. La postérité sera

unanime pour admirer son génie, regretter ses égarements funestes, louer ses généreux retours, plaindre ses destinées si cruellement tranchées au moment où sa modération, hélas tardive, et sa voix devenue impuissante essayaient d'arrêter les débordements de la Terreur, et de réconcilier la République avec la justice et la liberté.

Vergniaud expiait alors le 21 janvier. Il avait cru désarmer la Révolution en lui jetant une tête royale ; il vit bientôt qu'il s'était désarmé lui-même. Le 31 mai fit de la Convention la prisonnière de l'émeute, et de la Gironde, la prisonnière de la Convention.

Les Girondins subirent d'abord l'ostracisme ; cinq mois après ils périssaient sur l'échafaud. Jamais en un seul jour, tant de jeunesse, de patriotisme et d'éloquence ne tombèrent sous la hache aveugle des révolutions.

La capitale du fédéralisme ne devait pas rester impunie : trois cents victimes d'élite furent sacrifiées par la Commission militaire de Bordeaux. Le président de la société de la Jeunesse bordelaise ne pouvait manquer de figurer en tête des listes de proscription ; il se vit voué à la mort dans sa patrie adoptive, comme il l'avait été dans sa ville natale. On l'avait forcé de partir de Lyon, il ne voulut pas quitter Bordeaux ; mais la Providence qui le destinait à servir et honorer la France lui ménagea un sûr et mystérieux asile.

Un homme de lettres recommandable, M. Delayre, qui avait admiré le courage et le talent du jeune orateur de Belleville, lui offrit un refuge au péril de sa vie.

Tant que dura la tourmente, Ravez vécut, comme un fils, au sein de cette famille qui devait bientôt devenir la sienne.

Quand le 9 thermidor fit luire des jours meilleurs, Ravez sortit de sa retraite : mais il avait appris à connaître les exquises qualités et le noble dévouement de la fille de son généreux hôte ; il demanda sa main. La famille le connaissait trop pour hésiter un instant. Cette alliance conclue sous de si heureux auspices ne démentit aucune espérance.

Ravez donna à sa compagne la gloire ; elle lui donna le bonheur. Elle féconda les joies intimes du foyer en le rendant père de trois fils dignes de lui (1).

Ce fut à l'époque de son mariage que Ravez demanda au barreau de Bordeaux son avenir et sa renommée.

Il commença à vingt-cinq ans cette carrière qui en dura vingt-deux, et qui ne fut qu'une suite non interrompue de triomphes. Il a laissé dans la Cour qui l'entendit de si profonds souvenirs que, longtemps après l'époque où la politique l'appela à d'autres destinées, on lisait sur les murs de la première Chambre cette remarquable inscription, gravée par la main de l'un des magistrats :

Ici Ravez plaida pour la dernière fois le 30 Aout 1816.

Vale lux ! (Adieu lumière).

Je ne sache pas qu'aucune vie judiciaire ait jamais obtenu de si touchants adieux.

Et pourtant il avait été difficile à un jeune étranger de se faire un nom dans cette ville de Bordeaux qu'on surnommait l'Athènes de la France, où le commerce était si lettré, la magistrature si illustre, le barreau si éloquent.

Cette éloquence fut vraiment inépuisable à toutes les époques, comme dans tous les partis ; elle avait donné à la fois de

(1) Ravez a eu trois fils : M. Auguste Ravez, avocat-général à Bordeaux, démissionnaire en 1830, mort en 1857 ; M. Paul Ravez, longtemps officier dans la marine royale, décédé depuis peu d'années ; enfin M. Adrien Ravez, inscrit au barreau de Bordeaux, le seul qui survive aujourd'hui.

Sèze et Vergniaud. Et à peine le fer avait-il tranché la destinée des premiers Girondins, qu'on voyait déjà se former une Gironde nouvelle destinée à égaler leurs talents et à surpasser leur gloire.

Dans tous les temps, le barreau fut la principale école de toutes les éloquences : on le considéra toujours comme la pépinière de la magistrature, de la tribune, souvent même de la chaire.

Aix et Toulouse entendirent Portalis et Romiguière ; Ravignan et Lacordaire ont porté la robe d'avocat, et Berryer, qui l'honora entre tous, a pu, dans le barreau qui l'entourait à la fête de sa cinquantaine judiciaire, retrouver un grand nombre des orateurs politiques de la France.

Mais on peut dire que, de 1795 à 1820, le barreau ne déploya nulle part plus de richesses qu'à Bordeaux. On vit dans cette métropole de l'antique Aquitaine, le sceptre de la parole disputé tour à tour par Martignac père, Jaubert, Ferrère, Barennes, de Saget, Lainé, Ravez, de Peyronnet, Martignac, et toute cette célèbre pléïade qui faisait dire à Louis XVIII, si épris de toutes les gloires de l'intelligence : « Si je n'étais « roi de France, je voudrais être avocat à Bordeaux (1). »

Ravez plus jeune que les uns, plus ancien que les autres, eut à se mesurer successivement avec tous. S'il fut donné à quelques-uns de l'atteindre, nul ne le dépassa.

Chacun, dans cet éclatant foyer, brillait par des rayons divers. Ferrère avait l'inspiration poétique et l'entraînement oratoire, Lainé, les traits de génie, Peyronnet, la véhémence, Martignac, l'insinuation et la grâce ; Ravez prit pour lui

(1) Cette renommée s'est perpétuée par de dignes héritiers, et de nos jours encore Bordeaux a donné à la Tribune, comme à la Barre et à l'Académie française, le puissant orateur qui vient de succéder à l'un de nos éloquents compatriotes, comme bâtonnier de l'ordre des avocats de Paris.

la science et la force. Il avait, dans les laborieuses méditations de la retraite, étudié le droit à ses sources les plus fécondes ; il possédait, comme nos anciens modèles, les trésors de cette législation romaine qui est restée la mère de toutes les législations civilisées, comme l'église romaine est la mère de toutes les églises chrétiennes. Sa science toutefois n'était ni minutieuse, ni aride ; la hauteur des vues répondait à la profondeur des recherches. Il interrogeait le législateur dans sa plus intime pensée, et on eût dit qu'il s'était déjà assis dans ses conseils. Sa parole était pleine, forte, précise. La clarté lumineuse de ses expositions lui servait d'exorde, et la pressante vigueur de ses résumés lui tenait lieu de péroraison. Dédaignant les digressions retentissantes des écoles du temps, marchant droit au but, sans se détourner jamais pour des ornements parasites, demandant à la logique toutes ses armes, il inaugurait cette éloquence d'affaires, si propre aux instincts impatients de ce siècle positif, qui est devenue le trait distinctif et la véritable supériorité des grands maîtres.

Ravez excellait surtout à envelopper son adversaire dans les plis redoutables de son inflexible dialectique, à ne laisser à sa résistance aucun refuge, et à le terrasser enfin sous le poids de sa raison victorieuse. On a dit que la parole de Martignac était une lyre ; celle de Ravez pouvait se comparer à une massue, et cette massue était d'autant plus invincible que c'était à la conscience seule qu'il donnait le droit de s'en servir. Il était le premier juge et le juge sévère de ses causes ; la conviction seule inspirait son talent.

Ce ferme esprit savait pourtant s'animer et émouvoir ; mais il fallait que la chaleur oratoire jaillît du fond du sujet. C'était alors la raison elle-même qui se faisait passionnée, et la logique devenait l'éloquence.

On eût dit que chez lui les brillantes ardeurs de la Gironde se trouvaient tempérées par cette puissance de sangfroid qu'il avait puisée dans sa première patrie.

Un mérite si complet devait conquérir tous les suffrages : l'admiration de ses pairs ne lui faillit pas plus que la confiance des tribunaux.

Aussi l'autorité de sa parole semblait le précurseur des arrêts de la justice. Il était déjà magistrat à la barre avant de monter sur les hauts siéges, comme il le fut dans son cabinet de jurisconsulte après en être descendu.

Ce n'est pas dans un cadre restreint par les limites de vos séances que j'essaierais de retracer en détail les causes célèbres qui ont propagé sa renommée : les éloges qui ont honoré sa mémoire dans une contrée (1) où toutes les traditions sont vivantes encore, ont dépeint l'avocat avec une perfection de couleurs dont je ne me flatterais pas d'égaler la richesse.

Appelé seulement à esquisser devant vous, en traits rapides, la figure de notre éloquent compatriote, je dois me borner à rappeler que, dans cette carrière si pleine de l'avocat, on admira surtout cette vaste et flexible aptitude qui savait embrasser les affaires les plus diverses, les assurances maritimes comme les débats testamentaires, les problèmes hypothécaires comme les questions d'état.

On a remarqué parmi ces dernières un célèbre procès de désaveu, où Lainé et Ravez luttèrent avec des chances diverses, mais avec une égale admiration de la cité.

Tous deux furent admis à suivre leur cause jusque devant le tribunal de Cassation : leur apparition fut un événement.

(1) Voir notamment l'éloge prononcé par M. Louis Feral à la conférence du barreau de Toulouse, le 10 décembre 1853, et celui que M. Ernest de Chancel a fait entendre à la conférence du barreau de Bordeaux, le 22 décembre 1857, auxquels ce discours a emprunté des éléments précieux.

Le barreau de Paris, qui ne fit qu'entrevoir ce duel oratoire, put reconnaître que les barreaux de province lui gardaient des émules dignes de ses plus grands maîtres. Le président essaya vainement de les retenir dans la capitale. Il devait les revoir bientôt l'un près de l'autre aux premiers postes de l'Etat.

Mais aucune cause n'a laissé de plus profonds souvenirs que celle de la marquise d'Anglure. Victime, dès sa jeunesse, des plus odieuses machinations, atteinte par des parents avides dans son nom, dans sa filiation, dans son existence tout entière, elle fit appel à Ravez, et ce fut au prix de longues années de luttes et d'efforts, qu'il la fit maintenir dans le foyer de ses pères. Cette dame, arrivée déjà au déclin de l'âge et heureuse de la sérénité inespérée de ses dernières années, voulut témoigner sa reconnaissance au sauveur de son état civil et de sa fortune. Après avoir disposé d'une métairie en faveur du plus jeune fils de Ravez, qu'elle avait absolument désiré tenir sur les fonts baptismaux, elle lui légua à lui-même l'usufruit de sa belle terre du Médoc ; mais elle avait compté sans l'assentiment de l'illustre légataire. Par respect pour la mémoire de la testatrice, il ne pouvait repousser le souvenir qu'elle laissait à son filleul, mais il ne voulut pas garder le magnifique usufruit qui lui était donné, et rendit la terre aux légitimes héritiers. Il avait pu recevoir une honorable rémunération ; il ne consentit pas à s'enrichir par la conquête d'un patrimoine. Cependant la testatrice lui devait tout, et ne laissait pas de successeur direct. Pour un homme du monde, l'acceptation eût été irréprochable, mais il ne se contentait pas, pour l'avocat, de la probité même sévère ; il entendait que la plus exquise délicatesse lui servît à la fois de force et d'ornement.

Personne n'a pu rappeler avec plus d'autorité au barreau

cette glorieuse devise : *Non solùm quod licet, sed etiam quod decet.*

On conçoit ce qu'un tel caractère donna de puissance à un tel talent : sa considération grandissait chaque jour. Toutes les distinctions venaient le chercher, et les intérêts généraux voulaient eux-mêmes se placer sous son patronage.

La Chambre de commerce de Bordeaux lui vota, en 1807, une adresse de remercîments pour les services qu'il avait rendus en faisant prévaloir auprès des rédacteurs du Code de commerce les vœux du commerce français tout entier.

Une situation si privilégiée devait fixer l'attention du Gouvernement impérial, jaloux de s'attacher toutes les renommées.

L'Empereur le nomma, dans cette même année 1807, président du collége électoral de l'arrondissement de Bordeaux. Cambacérès lui annonça cette nomination, qui présageait des faveurs nouvelles. Mais de telles perspectives ne purent le tenter : sa profession lui était chère, et il passa encore sept ans à l'honorer.

Cependant l'Empire allait, comme tant d'autres gouvernements, périr par l'excès de son principe ; aux victoires avaient succédé les revers, la guerre pesait au pays, le Corps législatif, si longtemps muet, retrouvait la parole pour demander la paix. Il voulait connaître du moins les dernières espérances que les négociations laissaient à la France, avant de lui imposer les derniers sacrifices.

On sait que sa sollicitude fut regardée comme une curiosité séditieuse : les séances furent suspendues, dès qu'on put craindre que la réalité succédât à l'ombre dans cette vaine fantasmagorie de représentation nationale.

La colère impériale tomba principalement sur Lainé qui

s'était placé au premier rang par la fermeté, comme par l'éloquence. On parla de le traiter en conspirateur : des conseils plus sages prévalurent, et Lainé put rentrer à Bordeaux. Cependant le grand capitaine tentait, avec une poignée d'héroïques soldats, cette merveilleuse campagne de Paris qui arrêta quelque temps aux portes de la capitale le torrent de l'Europe débordant tout entier sur la France épuisée.

Mais la valeur et le génie devaient fatalement succomber devant le nombre et la fortune...

Ce fut dans ces circonstances que le duc d'Angoulême parut à Bordeaux qui, plus que toute autre ville, avait eu à souffrir dans ses traditions libérales comme dans ses intérêts maritimes. Il y fut accueilli avec enthousiasme. Ravez n'avait point appelé l'étranger, mais il fut des premiers à saluer un prince français qui se présentait comme un gage de pacification entre la France et l'Europe. Ravez obéissait d'ailleurs aux sentiments de toute sa vie ; il avait toujours considéré la monarchie constitutionnelle comme l'œuvre la plus accomplie de la civilisation moderne, la transaction suprême entre la stabilité et le progrès, le dernier terme où le despotisme et la république se rencontreraient quelque jour pour fixer les destinées des peuples. Il avait toujours espéré que la maison de Bourbon serait appelée à doter son pays de la paix et de la liberté.

Le duc d'Angoulême sut l'apprécier et l'appela dans ses conseils en même temps que Lainé.

Bientôt l'invasion de la capitale et l'abdication de Fontainebleau remirent la France aux mains de ses anciens rois. Leur première pensée devait être de l'arracher à la pression des étrangers qui, de toutes parts, occupaient son territoire.

Le Prince chargea Ravez de parcourir plusieurs villes du Midi et de substituer l'administration civile de la France à celle des puissances coalisées. La mission était délicate, il fallait que le droit désarmé prévalût sur la force victorieuse. Ravez s'acquitta de sa tâche avec une courageuse fermeté. Il fut spécialement autorisé à pénétrer jusqu'au quartier général de Wellington, où il eut l'honneur de défendre les droits du commerce français contre les haines jalouses et mal déguisées de l'Angleterre.

De tels services ouvraient à Ravez le chemin des plus hauts honneurs politiques auxquels Lainé se vit promptement appelé; Ravez préféra ceux de sa toge et resta avocat. Mais s'il n'avait pas suivi ses amis dans la grandeur, il ne tarda pas à leur montrer sa fidélité dans la disgrâce. Les Cent-Jours vinrent. Le 20 mars surprit la duchesse d'Angoulême à Bordeaux : Ravez s'était armé pour elle, mais que pouvait-il contre le mouvement qui entraînait tout? Il sut toutefois la conseiller avec sagesse, en la détournant des projets qui tendaient à rallumer la guerre civile dans la Vendée ; et quand la résistance devint impossible, il voulut du moins l'entourer de ses respects et de son dévoûment jusqu'au moment de son départ. Ce nouvel exil ne devait pas être le dernier pour cette princesse infortunée, dont notre grand poète eût pu dire qu'elle était née

.... pour être du malheur un modèle accompli.

Les événements se précipitaient : La fortune trahit nos armes à Waterloo ; bientôt la Royauté eut à s'interposer entre la France envahie et l'Europe qui aspirait à la démembrer. Trois mois après, Ravez eût pu retrouver aux Tuileries les princes dont il avait partagé les épreuves.

Mais il ne fut pas de ceux qui s'empressèrent de saluer la fortune, et il ne voulut accepter du Roi que les honneurs désintéressés des dignités municipales et départementales de la Gironde. Il fut nommé, au mois d'août 1815, président du collége électoral.

C'est à cette époque que se rapporte un fait auquel des préventions irréfléchies ou passionnées ont souvent mêlé le nom de Ravez : je veux parler du procès des frères Faucher accusés de s'être rendus, après le second retour du Roi, coupables d'un attentat armé contre son gouvernement, et condamnés par le Conseil de guerre siégeant à Bordeaux.

Des rapprochements douloureux et de touchants souvenirs les ont placés au rang des victimes les plus intéressantes des réactions politiques ; mais les irritations du temps les avaient représentés, dans leur propre pays, sous les plus odieuses couleurs, et il faut lire les écrits de l'époque pour se faire une idée de l'acharnement qui les poursuivait à Bordeaux.

Il s'est trouvé des esprits qui ont reproché à Ravez, non d'avoir consenti à s'associer lui-même à de telles passions, mais d'avoir cédé aux exigences de son parti en déclinant la défense.

A Dieu ne plaise que je me plaigne jamais de la noble susceptibilité qu'éveille dans notre patrie le privilége sacré de la défense ! Le droit de défense, comme le droit d'asile, ne sera jamais impunément violé parmi nous, car il représente à la fois les plus saintes garanties de la justice et les instincts les plus invincibles du caractère national. La Convention elle-même n'osa pas le méconnaître ouvertement dans les défenseurs de Louis XVI, et si le sang de Malesherbes coula plus tard sur l'échafaud de son royal client, la Terreur voulut punir le sage ministre bien plus que le courageux défenseur. Elle laissa vivre ses deux nobles collègues de défense, et tandis que la hache révolutionnaire retombait, à chaque instant, sur la tête des juges, Tronchet et de Sèze purent attendre de meilleurs jours. L'Empire récompensa le premier, dont le nom se trouve mêlé aux savantes délibérations qui préparèrent nos codes, et l'autre vécut assez pour recevoir des mains du frère de Louis XVI la première présidence de la plus haute Cour du royaume.

Le Barreau s'est montré toujours le fidèle gardien de ce droit de défense, et pour ma part, je compte parmi les plus heureuses fortunes de ma vie les jours où il m'a été donné de défendre mes adversaires politiques devant la justice du pays.

Mais la mémoire de Ravez n'a rien à craindre de la généreuse sévérité de nos traditions. Ceux qui ont pu apprécier les situations ont su, dès longtemps, lui rendre justice, et récemment encore, après l'apaisement de toutes les passions, au sein d'un barreau où les personnes et les caractères sont si parfaitement connus, un discours prononcé (1) dans une circonstance solennelle a rappelé les faits et les principes.

En effet, si le dévouement spontané du Barreau a sa grandeur, son indépendance a ses droits. Au criminel comme au civil, l'avocat garde la liberté de son ministère, comme la responsabilité de sa parole. Si une cause ne peut être soutenue que par des doctrines ou des faits que sa conviction ne peut admettre, il laisse à d'autres une défense qui serait faible ou inconséquente dans ses mains. Mais la loi et l'humanité ne permettent pas que l'accusé reste sans défenseur. S'il ne s'en présente point, les tribunaux en désignent un d'office. Alors le devoir de l'avocat commence : il ne répond plus à la demande d'un client, il obéit à l'appel de la Justice.

(1) Voir l'*Eloge de Ravez*, par M. de Chancel, déjà cité.

Ainsi Ravez, à qui un tel appel n'avait nullement été fait, était le libre appréciateur de la cause, et le seul juge de son propre devoir. Il ne devait compte à personne de son intime pensée, et cependant, si on admet son refus comme certain, ce refus se justifie par les plus graves motifs.

Celui qui, à vingt et un ans, défendit au péril de sa vie les victimes poursuivies par les passions populaires, ne pouvait redouter un gouvernement dont il était l'ami; il songeait moins encore à le flatter, car alors, et même longtemps après, il refusa toutes ses offres. Eût-il manqué aux devoirs de sa toge, au moment même où il déclinait toutes les dignités pour lui rester fidèle? Non, la crainte et la faiblesse étaient également au-dessous de son âme. Mais Ravez n'en n'était pas moins personnellement identifié avec le Pouvoir. Commissaire du roi dès **1814**, resté conseiller intime des princes, chef du parti royaliste à Bordeaux, pendant et après les Cent-Jours, président récemment nommé par le Roi du collége électoral, pouvait-il accepter volontairement la défense d'un attentat armé contre le gouvernement dont il était l'appui dévoué et le représentant moral aux yeux de l'opinion publique? Une telle mission ne le plaçait-elle pas dans la douloureuse alternative, ou de démentir ses amis en désavouant ses principes, où de nuire aux accusés en énervant la défense? Ne dut-il pas penser que sa situation enchaînait sa parole et lui faisait de l'abstention une rigoureuse nécessité? Ravez le regretta sans doute, mais il suivit sincèrement la ligne du devoir.

Je ne prétends juger ni le procès, ni les accusés, ni les juges, ni le refus ou l'absence des autres défenseurs devant le Conseil de guerre. J'aime mieux rappeler que le bâtonnier, M. Emérigon, désigné d'office devant le Conseil de révision, consacra à cette honorable tâche des efforts qui eussent pu épargner des regrets à l'avenir, s'il eût été donné au pouvoir de la parole de prévaloir sur l'inflexibilité des lois militaires.

Quant à Ravez, son nom doit rester pur de toutes les accusations des partis. On ne peut que respecter les libres inspirations d'une loyale conscience, et la dignité d'une profession qui ne saurait être la seule condamnée à abdiquer son indépendance, quand elle est instituée pour garantir l'indépendance de tous.

Aussi les véritables juges de l'honneur de l'avocat, les illustres contemporains de Ravez dans ce grand barreau de Bordeaux répondirent à toutes les attaques, en le mettant à leur tête et en le choisissant, en 1819, pour bâtonnier de leur ordre.

Après les agitations des jours de transition, Ravez reprit sans partage ses travaux d'avocat et n'accepta pas même le titre de député que lui déféra, en août 1815, le collége électoral de Bordeaux.

Mais la Chambre de 1815 touchait à sa fin : cette chambre si sincère et si passionnée, si dévouée à la dynastie et si jalouse d'étendre ses propres prérogatives; qui prétendit tenir la France en suspicion et le trône en tutelle, et qu'on vit tout ensemble lutter contre les sentiments populaires et fonder le gouvernement représentatif. Elle disputa au Roi le droit de pardonner et opposa des catégories d'exclusion aux amnisties royales. Toutefois les mœurs publiques lui doivent l'abolition du divorce, et la Politique ne saurait méconnaître la fermeté de ses doctrines parlementaires et la largeur de ses idées municipales.

La postérité pourra rendre justice à son indépendance. Mais ses contemporains ont souffert de ses passions ; elle irrita les ressentiments et inquiéta le pays.

Pour contenir ses tendances réactionnaires et apaiser l'opinion, Louis XVIII frappa le coup célèbre de l'ordonnance du 5 septembre 1816. Cet habile monarque, le seul qui, depuis un siècle, ait pu mourir roi aux Tuileries, redoutait tous les excès et savait toujours arrêter le char de l'État au bord du précipice. Il se sépara avec éclat des exaltés et remit le pouvoir aux mains des hommes éminents qui, pendant la session, avaient défendu à la fois sa prérogative et sa clémence. Lainé, qui s'était placé à leur tête, devint ministre de l'Intérieur, et, dans cette lutte contre les exagérés de son propre parti, il sentit la nécessité du concours de toutes les forces de l'opinion modérée et de l'énergique appui de tous ses amis.

Il fit à Ravez un pressant appel qui ne pouvait être méconnu ni par le dévouement, ni par l'amitié. Ravez fut de nouveau nommé président du collége électoral.

Mandé à Paris pour recevoir les instructions royales, il rapporta de son entretien avec Louis XVIII ces paroles qu'il redit aux électeurs :

« Trop d'agitations ont malheureusement troublé la France, « elle a besoin de repos ; il lui faut, pour en jouir, des députés attachés à ma personne, à la légitimité et à la Charte, « mais surtout modérés et prudents. Votre département m'a « donné déjà de grandes preuves d'amour et de fidélité : j'en « attends un nouveau témoignage dans le choix que les électeurs vont faire. Dites-leur que c'est un bon vieillard qui « leur demande de rendre ses derniers jours heureux par le « bonheur de ses enfants. »

Ces mots résumaient tout un programme, et ce programme, qui résumait lui-même la vie entière de Ravez, fut accueilli par un enthousiasme unanime qui le proclama député.

Ravez quitta Bordeaux, pour se rendre à la Chambre, mais

il était déterminé à revenir à la barre après la session. On le pressa longtemps en vain d'accepter les fonctions publiques : il préférait les principes fixes du droit aux vicissitudes agitées de la politique, et l'indépendance de sa profession au prestige des honneurs.

Le Roi, cependant, attachait un si haut prix à sa coopération politique, qu'en le nommant sous-secrétaire d'Etat, il écrivait à M. de Cazes :

« En nommant M. Pasquier ministre de la Justice, j'ai « nommé M. Ravez sous-secrétaire d'Etat au même dépar- « tement. Ma joie de ce dernier choix ne sera complète que « lorsque je serai sûr de l'acceptation de M. Ravez. Je ne « saurais prévoir un refus de sa part, je connais trop son « zèle pour mon service ; d'ailleurs, il ne supporterait pas « l'idée que la France pût lui dire un jour : le Roi avait fait le « meilleur choix possible, vous seul, M. Ravez, en avez em- « pêché l'effet. » Ce désir du Roi était bien profond, car il écrivait le même jour, 21 janvier 1817, à M. le duc de Richelieu :

« Je vous envoie, signée de moi, l'ordonnance qui nomme « M. Ravez sous-secrétaire d'Etat au département de la Jus- « tice. Je ne saurais prévoir qu'il n'accepte pas. La cérémo- « nie expiatoire qu'on célèbre aujourd'hui dans toute la « France touchera son cœur, et il ne se refusera pas aux « prières du frère du roi martyr. »

On s'étonnera peut-être de nos jours, à l'aspect d'un de ces caractères d'un autre temps, qui savaient trouver, dans la simplicité et la modération de l'âme, la force de résister à des faveurs offertes de si haut et dans des termes si bien faits pour flatter l'orgueil et entraîner le cœur.

Ravez fut vivement ému de ces admirables lettres qui lui furent communiquées de la part du Roi : mais il supplia à son tour le Monarque, dans des termes si nobles et si touchants, de ne lui demander que les services désintéressés du député, en lui laissant l'influence d'un nom resté pur d'ambition, et la pleine spontanéité de son dévouement, que, pour le moment, le Roi n'insista plus.

Toutefois, les hommes les plus considérables lui mettaient chaque jour devant les yeux les obligations de la solidarité politique et la nécessité de venir en aide à un gouvernement qu'il avait concouru à fonder, et qui éprouvait encore le besoin de s'affermir. L'idée du devoir, qui fut la loi de toute sa vie, triompha enfin de ses hésitations, et après trois mois de cette généreuse résistance, il se rendit aux ordres réitérés du Roi en acceptant des fonctions qui l'enlevaient, pour un temps, à la vie judiciaire.

Ce fut au mois d'avril 1817, qu'il devint conseiller d'Etat et sous-secrétaire d'Etat au département de la Justice.

Ces deux postes étaient éminemment favorables au développement des qualités que lui avait départies la nature : son esprit actif et pratique le rendait précieux à l'Administration, comme sa science judicieuse et ferme faisait de lui un digne représentant de la Magistrature.

Aussi, quoiqu'il n'ait fait que traverser ces deux fonctions, son passage y a laissé des traces durables.

Il savait associer aux travaux de l'administration les devoirs du député, et il prit part à d'importantes discussions. Il avait fait, dans la session de 1816, partie de la majorité enfantée par l'ordonnance du 5 septembre. Resté fidèle à cette majorité dans la session suivante, il lui prêta le secours d'une parole aussi puissante par sa modération qu'entraînante par son énergie.

De si hautes qualités lui assuraient une telle influence dans les débats parlementaires, que la plume assurément peu suspecte de M. de Cormenin a écrit : que, si Ravez n'eût pas été président de la Chambre, il aurait comme orateur dominé le côté droit.

Aussi Ravez fixa bien vite sur lui l'attention de la Chambre. Elle le fit vice-président à l'ouverture de la session de 1817; mais de plus grands honneurs l'attendaient.

Vers la fin de 1818, le ministère du duc de Richelieu s'était modifié dans le sens libéral des dernières élections.

M. Pasquier fut remplacé aux Sceaux par M. de Serre, qui laissa vacant le fauteuil de la présidence de la chambre des députés.

Le choix était embarrassant et la position difficile, car cette haute dignité n'avait été occupée que par les hommes les plus importants de l'Etat :

C'était Lainé, qui aimait la liberté comme un Romain des grands jours de la République, et la royauté comme un Français des beaux jours de la Monarchie.

C'était Pasquier, dont l'expérience complète et variée a suffi aux situations les plus élevées; qui présida la Chambre des Pairs comme bien peu l'ont su faire, la Cour des Pairs comme nul ne l'a fait; et qui, après avoir porté le dernier la simarre des Chanceliers de France, conserva dans sa longue et étonnante vieillesse toute la force de son intelligence comme toute l'autorité des souvenirs de sa vie.

C'était de Serre, qui déploya depuis au banc des ministres une énergie oratoire et une loyauté politique qu'il n'a été donné à personne de surpasser.

Chacun d'eux avait montré par quels degrés on peut s'élever à cette primauté parlementaire, par quels services on mérite de s'y maintenir.

De tels prédécesseurs faisaient paraître la succession pesante.

Tous les regards se portèrent sur Ravez.

Jurisconsulte, il égalait les maîtres de la science; sous-secrétaire d'Etat, il avait déployé une aptitude consommée pour les affaires; orateur, il avait fait admirer la clarté de sa méthode, la précision de sa logique, la promptitude de ses répliques; vice-président de la Chambre, il avait occupé le fauteuil de manière à ne pas faire craindre pour lui la réalisation de l'adage, trop souvent vérifié :

« Tel brille au second rang, qui s'éclipse au premier. »

Aussi, la Chambre s'empressa de le porter de nouveau sur la liste des candidats à la présidence, et le Roi le choisit pour cette haute dignité dont le long exercice a fait le trait dominant de la vie publique de Ravez.

Il fut nommé pour la première fois le 23 décembre 1818, et huit élections consécutives vinrent, d'année en année, prolonger sa présidence sans interruption jusqu'à la fin de 1827.

Cette perpétuité élective est d'autant plus remarquable que sous le règne des institutions d'alors, le président n'était nommé ni directement par la Chambre, comme sous la Monarchie représentative de 1830, ni exclusivement par le souverain, comme il l'est sous l'Empire.

La Charte de 1814 avait appliqué à cette élection l'esprit de transaction qui l'avait dictée toute entière.

La Chambre présentait cinq candidats, parmi lesquels le roi choisissait. Le président choisi trouvait ainsi dans sa double origine une double mission et une double autorité.

On avait voulu qu'il tînt quelque chose de chaque pouvoir, afin d'être plus aisément le modérateur de tous deux. Mais la hauteur même de cette situation en rendait l'accès et la durée plus difficiles, car elle exigeait la persévérance d'une double investiture.

Cette persévérance ne faillit pas à Ravez.

La Chambre lui donna neuf fois ses suffrages, et pour détruire une telle possession qui ressembla presque à une prescription parlementaire, il ne fallut rien moins que la crise électorale de 1827, où Ravez succomba avec le ministère Villèle devant le mouvement politique du temps.

Quant à la royauté, elle n'avait pu choisir un ami plus sincère, un médiateur plus habile : aussi ne sembla-t-il pas moins inamovible que le trône même, car la mort de Louis XVIII n'ébranla pas Ravez sur son siége, et il fut président sous deux rois.

L'auteur de la Charte avait apprécié sa haute expérience, son courageux sangfroid, sa ferme autorité. Ce prince considérait le talent de Ravez, comme le plus complet et le plus difficile à remplacer, et disait souvent de lui, rappelant un vers italien : « Dieu le fit et brisa le moule. »

La noblesse de ses manières et la loyauté de son dévouement avaient vivement touché Charles X. Dès les premiers jours de son avènement au trône, ce prince, empressé de se conformer aux intentions de son frère, le nomma Premier Président de la cour de Bordeaux, et peu après, il lui donna le premier Cordon-Bleu que, depuis Catinat, le mérite ait obtenu sans le secours de la race.

On admira cette délicatesse royale et chevaleresque qui voulait à la fois associer la Chambre élective à l'éclat du trône, et rajeunir, par l'adoption des gloires contemporaines, cet ordre antique du Saint-Esprit réservé jusque-là aux descendants des aïeux historiques de la France.

C'est une sage politique que celle qui conserve le prestige du passé pour le communiquer au présent. C'est là un héritage d'honneur qu'il faut étendre et non dissiper. Le nivellement par l'abaissement des supériorités, c'est l'égalité de l'envie : tout ce qui est grand y perd, tout ce qui est petit n'y gagne pas. La véritable égalité, c'est l'égalité par l'émulation, c'est l'ascension des mérites, c'est l'accomplissement de ce mot profond et touchant de Camille Jordan : « Anciens nobles, non, vous n'êtes pas descendus, mais d'autres Français sont montés jusqu'à vous (1). »

Ravez méritait ces préférences de la Chambre et de la Couronne.

Aucun des présidents de nos assemblées délibérantes n'a fait oublier cette science pleine, lucide, élevée, qui éclairait sans effort et dirigeait sans contrainte ; cette vigilante sagacité, si habile à pressentir les orages ; cette inébranlable énergie, si prompte à les dominer.

Les amis du gouvernement représentatif se rappelleront toujours ce mélange heureux de fermeté, de modération et de bienveillance, — véritable caractère de l'autorité que l'élection donne et qui s'exerce sur des égaux.

Ce nom de Ravez me rappelle quelques-unes des premières émotions de ma jeunesse, alors que je m'échappais des bancs de l'École de droit pour entrevoir un instant les débats de la Chambre. Je contemplais Ravez sur ce fauteuil légis-

(1) Discours sur le recrutement de l'Armée, session de 1818.

Né à Lyon en 1771, Camille Jordan fut le condisciple de Ravez à l'Oratoire. Elevés dans les mêmes principes, tous deux gardèrent l'empreinte de cet esprit de foi, de modération et de courage qui, dans tous les rangs, comme à toutes les époques, caractérisa nos illustrations lyonnaises. Tous deux défendirent l'ordre et la Religion dans les mauvais jours. Tous deux, proscrits par la Révolution, avaient salué avec une égale confiance le retour de la monarchie et l'avènement de la liberté. Elus députés tous deux au lendemain de l'ordonnance du 5 septembre 1816, ils firent, l'un et l'autre, pendant quatre ans, partie de cette majorité qui luttait contre les deux opinions extrêmes, et s'ils appréciérent différemment la marche à suivre après les élections de 1819, ce dissentiment n'altéra jamais ni leur mutuelle estime, ni leur inviolable dévouement à la royauté constitutionnelle.

latif qui semblait fait exprès pour lui. J'admirais la dignité de sa personne, la puissante gravité de sa voix, le sangfroid de son attitude, la rapidité de son coup-d'œil, et surtout cet art merveilleux de faire accepter ses lumières, sans imposer sa volonté.

Le temps et l'expérience n'ont fait que confirmer pour moi les jugements du modeste étudiant de la tribune publique : aujourd'hui, comme alors, je n'ai pas cessé de le considérer comme le type le plus achevé de cette grande magistrature parlementaire.

Nul n'en a mieux mesuré la hauteur, nul n'en a mieux compris les devoirs.

Le premier devoir du président d'une grande assemblée, c'est de s'identifier avec elle, de veiller à sa renommée comme à un patrimoine personnel, de s'associer à ses épreuves comme à ses gloires, et de vivre en quelque sorte de sa vie.

Assurer à la majorité l'autorité de ses votes, à la minorité l'indépendance de sa parole; protéger l'une contre le désordre, l'autre contre l'oppression; unir la présence d'esprit qui déjoue toutes les surprises et la loyauté qui n'en permet aucune; ramener les discussions qui s'égarent; garder d'une main ferme le fil conducteur qui retrouve toujours l'issue au milieu du labyrinthe des incidents imprévus ; contenir les personnalités qui compromettent la Chambre, et mettre en lumière les talents qui l'honorent; exercer avec une dignité calme ce droit de censure dont l'emploi doit être rare pour rester efficace, et modéré pour ne pas devenir périlleux; faire taire ses opinions personnelles au fauteuil, tout en y restant inviolablement fidèle devant l'urne du scrutin; soumettre une puissance qui sent sa force souveraine à la force supérieure du droit, et, pour la mieux faire respecter de tous, lui apprendre à respecter elle-même la loi qu'elle s'est faite; veiller enfin par le maintien jaloux des prérogatives de la Chambre et par l'observation sincère des prérogatives de la Couronne à l'harmonie des institutions et à l'équilibre des pouvoirs, —telle est la difficile mission que nos institutions modernes avaient confiée à la plus haute dignité élective du gouvernement représentatif.

La présidence ne saurait être ni une force militante à la disposition des partis, ni un instrument docile au service du Pouvoir ; elle est elle-même le pouvoir modérateur des partis. Dès qu'elle aspire à devenir un gouvernement, la direction lui échappe et l'influence disparaît.

Nos voisins, nos émules, et il faut bien le dire, nos aînés en traditions parlementaires, ont voulu placer dans une sphère tellement inaccessible aux passions celui qui préside à leurs délibérations politiques, qu'ils ne lui ont jamais permis de descendre dans l'arène.

L'Orateur des Communes ne parle pas dans les discussions ; il ne vote même pas. Seulement, dans le cas si rare où les voix se trouvent également divisées, il départage la Chambre comme un arbitre souverain et son vote seul fait la loi.

Les réglements de notre monarchie parlementaire s'étaient montrés moins absolus.

Toutefois, pour mieux conserver son ascendant sur l'Assemblée, Ravez quittait rarement le fauteuil pour la tribune. Il savait que le président y perd souvent en autorité ce qu'il y gagne en éclat; les partis acceptent difficilement pour juge l'adversaire de la veille, et la voix qui a pu soulever les passions n'est guère propre à les apaiser.

Sans doute cette abstention habituelle de la tribune doit coûter aux libres élans de la parole; elle semble un effacementde la personne et presque un suicide de l'orateur, mais la garantie et la durée de l'influence présidentielle sont à ce prix.

Cette réserve était d'autant plus opportune que, malgré la prudence de sa conduite, Ravez ne put échapper toujours aux attaques de l'opposition.

Quelques-uns, tout en reconnaissant l'impartiale courtoisie de ses formes, ont voulu rendre le président responsable, tantôt des opinions du député, tantôt des décisions de la Chambre.

De tels reproches portent certainement l'empreinte des préventions politiques auxquelles les plus sages ne peuvent toujours se soustraire. L'ardeur des luttes rendait difficile cette absorption complète des opinions individuelles du président dans la volonté collective du Corps politique, mais il faut se souvenir que, choisi tout ensemble par la Chambre et par le Roi, le président puisait dans cette double origine le devoir de défendre énergiquement l'inviolabilité de l'un et de l'autre.

Or, la Couronne se trouva plus d'une fois directement engagée dans le débat. Il y eut véritablement deux oppositions : l'une visait à renverser le pouvoir, l'autre aspirait à le diriger. La première s'est glorifiée plus tard de son œuvre accomplie ; l'autre a prouvé, sous un autre règne, combien elle aurait été digne d'atteindre son but. On eut plus d'une fois le tort de les confondre dans la même défiance, comme elles purent avoir celui de se confondre dans les mêmes attaques.

N'attendez pas que je retrace toute cette période : la génération qui la vit n'est point encore éteinte, et ce n'est ici ni le temps, ni le lieu des essais d'histoire contemporaine ; on est trop exposé à glisser sur la pente de l'adulation ou du ressentiment, et ma main ne sait répandre ni l'encens ni le fiel.

Et pourtant, si j'étais appelé à formuler ces difficiles programmes, tout en m'efforçant de faire aux gouvernements qui ne sont plus une juste part entre les fautes et les services, j'aimerais encore mieux voiler leurs faiblesses que nier leurs grandeurs.

Mieux vaut apprendre à nos enfants à honorer qu'à rabaisser nos annales: insulter à de nobles débris, c'est souvent préparer des ruines nouvelles.

Ma voix serait suspecte si je prétendais juger la Monarchie de 1830, la seule que j'aie servie : je lui ai appartenu de trop près. Je m'honorerai toujours des liens qui m'attachent à elle, mais je la confie à l'Histoire dont chaque jour la rapproche et dont chaque jour aussi elle doit moins redouter les arrêts.

Quant aux gouvernements qui l'ont précédée, je ne voudrais pas plus juger Napoléon Ier par les énivrements qui précipitèrent sa fin, que la Restauration par les entraînements qui compromirent sa durée.

S'il me fallait peindre d'un mot la première moitié de ce siècle agité, j'aimerais à rappeler que l'Empire nous avait donné l'ordre et la gloire, et que nous avons dû à la Monarchie constitutionnelle plus de trente années de paix et de vraie liberté sans exemple dans les souvenirs de notre pays.

Mais telle n'est point en ce moment ma mission, et je n'ai à rappeler les vicissitudes de cette époque qu'au point de vue de l'influence qu'elles exercèrent sur la vie politique de Ravez.

Sa présidence s'était ouverte par la session de 1819, et elle finit en 1827 avec le ministère Villèle.

On a porté des jugements bien divers sur cette administration de six années qui, malgré d'incontestables fautes, donna des jours de prospérité à la France et des jours de force à la Monarchie. Jeune alors, pleinement indépendant du gouvernement, et placé par mes sympathies dans les rangs de l'opposition libérale, je ne pouvais toutefois méconnaître les services qui marquèrent les premiers temps du régime représentatif parmi nous. Ces temps effacèrent des taches qui déparaient nos codes. La Charte abolit la confiscation déjà détruite par la Constituante, et rétablie par la Convention. Le divorce, institué au moment même de l'avènement de la République, tomba devant la loi réparatrice de 1816, et la session de 1819, la première que Ravez ait présidée, vit disparaître les derniers vestiges du droit d'aubaine.

La longue période de la présidence de Ravez rappelle des lois importantes et de graves événements. La loi de septennalité substitua le renouvellement intégral de la Chambre aux élections partielles qui, chaque année, agitaient le pays sans permettre de rien fonder; la loi d'indemnité, en réparant envers tous les partis les spoliations du passé, voulut fermer la porte à toutes les confiscations de l'avenir; une régularité tutélaire fonda dans les finances de l'État la toute puissance du crédit, et le loyal ascendant de notre diplomatie prépara l'affranchissement de la Grèce, que devait suivre plus tard la conquête d'Alger.

Ce sont là d'honorables souvenirs, qui ont laissé des racines dans les mœurs politiques du pays. Toutes les constitutions qui se sont succédé depuis lors ont adopté le renouvellement intégral; toute atteinte au droit sacré de propriété est condamnée sans retour par le sentiment public, et l'inviolabilité comme le droit de remboursement de la dette consolidée, est passée à l'état d'axiome financier. Au dehors, la Grèce, malgré ses convulsions intérieures, est encore restée le point de départ de l'émancipation chrétienne de l'Orient, et l'Algérie est devenue la première de nos colonies et la pépinière de notre armée.

Toutefois, il faut le reconnaître, la politique du temps ne mérita pas toujours les mêmes éloges. Tous les succès ont leurs jours d'enivrement et de discorde. On écouta moins les esprits modérés, davantage les esprits exclusifs. On sembla vouloir rétrograder vers le passé : on alla jusqu'à tenter de faire revivre le droit d'aînesse, qui est à la fois un démenti à l'égalité des frères et un péril pour la puissance paternelle. La loi du double vote portait d'ailleurs en elle un germe profond de mécontentement, parce qu'elle créait des catégories et des priviléges au sein des colléges électoraux appelés à représenter la France.

Le pays se crut menacé à la fois dans l'égalité civile et dans l'égalité politique ; il n'en fallait pas tant pour ranimer entre la Couronne et la société nouvelle ces défiances mutuelles que d'anciennes luttes avaient semées, qu'une longue séparation avait entretenues, et que l'esprit de parti devait nécessairement envenimer.

Ce fut le malheur de cette époque et de bien d'autres dans les pages récentes de notre histoire, que ce mélange des critiques mesurées avec les attaques violentes qui poussent les partis à l'extrême, et posent sans cesse pour les rois et les peuples le terrible problême des révolutions.

Les uns, dans leur fervent amour pour la royauté, semblaient se défier de la Charte, et d'autres, dans leur culte exclusif pour la Charte, semblaient en oublier l'auteur. On reprochait à la Cour ses sympathies pour l'Émigration ; aux libéraux leur enthousiasme pour l'Empire. Ce n'était chez le Roi qu'une gratitude naturelle pour les fidèles compagnons de l'exil ; ce n'était pour beaucoup d'opposants qu'un ardent souvenir pour les dernières gloires de la France : mais de mutuels soupçons éloignaient et aigrissaient les esprits.

Ainsi, on divisait les forces du pays par de périlleuses récriminations au lieu de les concentrer généreusement pour le noble essai du gouvernement représentatif, et ses vrais amis, débordés de toutes parts, suffisaient à peine à le maintenir en équilibre au milieu de tant d'agitations passionnées.

Leur union complète et sincère eût pu conjurer l'orage, mais la diversité des origines, des alliances et des points de vue avait fatalement désuni les plus fidèles serviteurs de la monarchie. Royer-Collard fut contre de Serre, et Villèle contre Chateaubriand.

Tous voulaient, sans arrière-pensée, le Roi et la Charte; mais les uns étaient plus inquiets pour la monarchie, les autres plus jaloux de la liberté. Les antécédents de Ravez l'avaient placé parmi les premiers, et avaient fait en quelque sorte de lui le chef du Centre-droit. Toutefois, sa prévoyance comprenait le danger de ce funeste antagonisme. Son caractère, à la fois conciliant et ferme, lui donnait accès auprès de ceux même que la politique avait séparés de lui. Il profita de cette situation pour tenter d'apaiser les esprits, et de rapprocher le Centre-droit du Centre-gauche pour reconstituer la force du Gouvernement.

L'accord intelligent de tous les partis constitutionnels, cimenté par des concessions mutuelles, aurait pu éviter à la Restauration sa chute de 1830, et plus tard, il eût épargné au pays d'autres révolutions.

Mais notre propre expérience ne nous profite guère plus que celle de nos pères; et surtout dans nos temps où le présent s'efface si vite, il n'est pas rare que la même génération dédaigne les avertissements qu'elle a payés le plus cher et retombe plus d'une fois dans les illusions qui l'ont séduite et dans les piéges qu'elle s'était promis d'éviter.

La Royauté entrait, en 1827, dans une de ces crises qui appellent si vite les heures de périls.

Le Ministère crut la conjurer par la dissolution de la Chambre élective. Ravez chercha à le détourner de cette mesure : il savait apprécier l'état de l'opinion publique et jugeait qu'il était plus opportun de prendre le temps de la ramener, que de la consulter dans un pareil moment.

Ses avis ne purent prévaloir : mais les élections justifièrent ses prévisions, la majorité fut changée. Le ministère Villèle dut se retirer.

Charles X forma une nouvelle administration qui prit le nom du célèbre ministre appelé au portefeuille de l'Intérieur. Chacun a nommé Martignac, qui tiendra toujours une si noble place dans l'histoire de ces temps difficiles de la monarchie, dont il tenta de soutenir la force chancelante et dont il défendit plus tard les derniers ministres avec une si généreuse éloquence.

Cependant, le mouvement électoral qui avait porté Martignac au pouvoir avait appelé Royer-Collard à remplacer Ravez dans la présidence de la Chambre. L'histoire fera sans doute un jour le parallèle de ces deux hommes célèbres, si dignes l'un et l'autre de continuer la chaîne des illustrations nationales que la Chambre avait placées à sa tête.

Royer-Collard était plus philosophe, Ravez plus législateur; le premier excellait à exposer les principes, le second à diriger les hommes ; Royer-Collard imposait davantage aux attaques, Ravez s'en défendait mieux ; l'un avait plus d'autorité, l'autre plus d'influence.

Ravez, sur les bancs de la Chambre, donna l'exemple de la déférence envers son successeur. De tels hommes ne se refusent jamais une mutuelle justice.

Redevenu simple député, Ravez se fit remarquer par sa

réserve et son indépendance. L'une était la loi de sa position, l'autre appartint toujours à son caractère. Au milieu des débats engagés entre l'ancienne majorité et la nouvelle, au lieu de passionner la discussion, il fit entendre à tous des avertissements salutaires. Personne ne sut mieux montrer à la Chambre le danger d'abuser de sa force, et l'émotion fut grande quand une si haute expérience laissa tomber de la tribune ces belles paroles, si dignes d'être méditées par tous les pouvoirs : « Ne mesurons pas nos devoirs « par notre puissance, mais notre puissance par nos de- « voirs » (1).

Son attitude témoigna bien plus de sollicitude pour la Monarchie que d'hostilité contre le Cabinet. C'était la véritable opposition de l'homme d'État qui respecte toujours dans le pouvoir qu'il n'a plus, celui qu'il exerça la veille, et celui que le pays peut l'appeler à reprendre le lendemain.

Martignac, de son côté, était trop pénétrant et trop dévoué pour vouloir priver la Royauté d'un concours aussi important que celui de Ravez ; il lui proposa la pairie. Mais malgré les termes flatteurs dont cette offre était accompagnée, et la bienveillance persévérante des anciennes relations qui les unissaient, Ravez ne crut pas devoir accepter même cet acte de justice de la part d'un cabinet qui s'était élevé par la chute de ses amis. Le scrupule peut aujourd'hui paraître excessif : il était conforme à la fidélité politique qui fait la vie des temps parlementaires.

Le ministère du 8 août, qui remplaça le cabinet Martignac, renouvela l'offre de la pairie. Ravez n'avait plus les mêmes raisons de refus ; aussi, malgré son regret bien légitime de quitter la Chambre élective, il ne résista plus.

Son entrée à la Chambre des Pairs fut saluée par elle

(1) *Moniteur* du 13 février 1828.

comme une véritable conquête; et son président, le chancelier d'Ambray, lui écrivait le 21 septembre 1829 :

« La Chambre héréditaire n'a plus rien à envier à la Cham-
» bre élective. Le Roi l'appelle à posséder dans son sein le
» plus beau talent qui ait jamais distingué une assemblée
» délibérante. Je sens tout le prix du présent que la sagesse
» du Roi daigne accorder à la Chambre que j'ai l'honneur de
» présider, et je me félicite avec elle de vous compter parmi
» nos plus illustres collègues. »

Toutefois, Ravez ne voulut pas devenir ministre : il jugea sans doute que d'autres situations, moins engagées que la sienne, seraient plus propres à tirer la Couronne et le pays de la crise difficile que leur dissentiment avait provoquée. Il avait d'ailleurs toujours montré beaucoup d'éloignement pour les fonctions ministérielles, auxquelles il ne croyait pas que la nature de son talent l'eût suffisamment appelé. On peut trouver de l'exagération dans cette modestie, mais la ferme persistance de ses refus aux époques les plus diverses, en 1818 comme en 1827 et en 1829, et la simplicité noble et désintéressée de ses nombreuses lettres à ce sujet, ne permettent de douter, ni de sa sincérité, ni de son dévouement.

Il resta donc à Bordeaux sur son siége de premier président; et sans pouvoir jamais devenir indifférent au sort de la royauté et du pays, ce fut désormais par l'exercice des fonctions judiciaires qu'il aspira à les servir.

Ce côté de la vie de Ravez ne fut assurément ni le moins brillant, ni le moins utile. Charles X l'avait appelé à présider cette Cour de Bordeaux devant laquelle il avait si longtemps fait entendre sa voix puissante; un tel choix honorait à la fois le Barreau et la Magistrature. Il était pour l'un une haute récompense, pour l'autre une magnifique dotation.

Aussi, au barreau comme à la Cour, le jour de son installation solennelle fut une touchante fête. Le bâtonnier des avocats fut admis à exprimer les sentiments de l'Ordre, fier de revendiquer sa part de ce triomphe fraternel. La Compagnie répondit à ces félicitations avec une délicate courtoisie, et Ravez également dévoué à ces deux nobles corps, indivisibles soutiens de la justice, émut tous les esprits en traçant le portrait du vrai magistrat. Au milieu des acclamations générales, il fut le seul à ne pas s'apercevoir que les applaudissements s'adressaient moins au peintre qu'au modèle. Le modèle, chacun l'avait deviné, et bientôt tout le monde le reconnut.

En effet, nos temps n'en ont pas vu de plus complet. On ne savait s'il fallait admirer davantage l'intuition soudaine qui semblait deviner les causes, ou la consciencieuse sagesse qui les éclairait toujours par les plus savantes investigations. Son infatigable activité pressait le jugement des procès, sans le précipiter jamais; les pauvres surtout n'attendaient pas. La justice impartiale était le droit de tous; la justice prompte lui semblait principalement le droit des faibles. On peut dire qu'il ne perdit jamais un instant. Il passait, sans un jour de repos, de la présidence parlementaire à la présidence judiciaire, et la lucidité saisissante de ses résumés politiques se retrouvait dans la rédaction restée célèbre de ses remarquables arrêts (1).

Ces arrêts, toujours empreints d'une érudition profonde, d'une philosophie élevée, d'un discernement magistral, donnèrent à la Cour de Bordeaux un caractère d'autorité bientôt accepté par tous les barreaux de France. On les cite encore au rang des monuments les plus respectés de la jurisprudence française, et M. Troplong, dont nul ne peut

(1) La famille possède le recueil complet de ces précieux autographes.

méconnaître la compétence, n'a pas hésité à appeler Ravez le plus grand jurisconsulte des temps modernes. Aussi, dans cette pleine et laborieuse carrière, les succès oratoires et la présidence politique n'ont pas laissé de traces plus profondes que la vie du magistrat.

Il s'y consacrait sans relâche, au moment où la révolution de juillet éclata.

Il siégea encore le 2 août 1830 : mais quand le télégraphe de Paris eut annoncé la proclamation d'un gouvernement nouveau, il renvoya au plus ancien des présidents de Chambre les sceaux de la Cour, dernier symbole des hautes fonctions qu'il résignait pour toujours.

Il eût pu toutefois les reprendre.

La royauté nouvelle, qui se montra toujours si modérée dans l'exercice du pouvoir, avait maintenu dans toute sa plénitude l'inamovibilité de la magistrature ; elle n'avait voulu ni la mutiler par des suspensions violentes, ni l'affaiblir par des retraites forcées. On avait résolu que la mobilité de nos jours d'orage garderait au moins comme une ancre tutélaire cette perpétuité du sacerdoce judiciaire, qui doit survivre à toutes les vicissitudes du Pouvoir comme à toutes les formes de gouvernement.

Mais Ravez n'entendit pas que son fauteuil fût plus inamovible que le Trône : il tenait tout du Roi, et ne voulait rien garder quand le Monarque avait tout perdu. Je ne pense pas qu'il se trouve des esprits disposés à blâmer de telles susceptibilités ; en tout cas, je demande grâce pour elles, car elles ne risquent guère de devenir contagieuses.

Sans doute d'autres conduites peuvent loyalement se tenir, et souvent d'honorables motifs les justifient : le pays ne peut se condamner à l'immobilité, ni le talent à l'impuissance.

Il faut à la société une magistrature, une administration, un enseignement, une armée, et le pays aime mieux confier de tels dépôts à des mains expérimentées que de les voir livrer à d'aveugles ambitions ou à d'aventureuses médiocrités. Les amis du passé se souviennent avec orgueil que les brillants officiers de l'armée d'Afrique, qui furent les dignes compagnons de nos princes, sont devenus les généraux triomphateurs de la Crimée, et le patriotisme qui salua nos victoires du désert, ne s'incline pas avec moins de fierté devant les palmes de Sébastopol.

La vraie fidélité ne contraint personne, elle se suffit à elle-même. Elle sait honorer ceux qui emploient leurs forces au bien du pays, pourvu qu'ils s'honorent à leur tour, en se faisant respecter par le Pouvoir qu'ils servent aujourd'hui, et en respectant eux-mêmes le Pouvoir qu'ils servaient hier.

Mais Ravez jugea qu'il est des positions exceptionnelles qui ne doivent pas se séparer du gouvernement dont elles ont partagé la vie. Il avait eu, pendant neuf années, l'honneur de représenter une des trois branches de la puissance législative et de personnifier la plus haute expression élective des institutions de son pays. Il pensa que son devoir d'honneur était de rester fidèle à leur mémoire et de porter leur deuil toute sa vie. Ce deuil respectueux du passé n'était ni une injure au présent, ni une égoïste indifférence pour l'avenir. Il sut éviter également les complaisances qui trahissent l'ambition de ressaisir le pouvoir, et les amertumes qui ressemblent au regret de l'avoir perdu. Il laissa les exaltés de la veille devenir en sens contraire les exaltés du lendemain, et changer sans cesse d'idole sans changer d'encensoir. Il savait que les plus modérés sont les plus fidèles, il prouva que les plus fidèles sont les plus modérés.

Dévoué aux intérêts de la France, s'associant toujours à ses épreuves comme à ses succès, acceptant les charges, ne refusant que les honneurs, il savait tout attendre de la Providence, soit qu'elle dût combler un jour ses sympathies, soit qu'elle eût à lui demander une résignation éternelle. C'était la sérénité de cette sagesse chrétienne qui ne connaît ni le ressentiment, ni le désespoir; également incapable de déserter la patrie comme Thémistocle, ou la vie comme Caton.

Gardant ses souvenirs, sans s'y absorber; consolé par ses espérances sans en faire une menace, il sut vivre en s'oubliant lui-même, sans être oublié jamais.

Toutefois, cet isolement des grandeurs ne saurait être l'abdication des facultés : le repos ne peut dégénérer en inertie, et, pour garder sa dignité, la retraite doit rester féconde. Les uns se plaisent à l'embellir par le culte des lettres qui élèvent les sentiments et tempèrent les passions : les Muses rafraîchissent l'âme à tout âge et on ne vieillit jamais à leur service. D'autres cherchent dans les voyages une diversion efficace aux sollicitudes du passé et une ample moisson de souvenirs pour les études du retour; quelques-uns, plus préoccupés du voyage suprême, consacrent leurs dernières années à méditer le vrai et à faire le bien, pour se recueillir dans la foi et s'épanouir dans la charité. Plusieurs mêlent à à ces hautes aspirations des travaux qui peuvent servir à la fois le présent et l'avenir.

Quant à Ravez, son choix était tout fait. Sans doute il aimait cette heureuse alliance du barreau et des lettres qui rappelle les loisirs de Cicéron et les vacances de Daguesseau; il avait l'esprit orné, les goûts littéraires, et l'à-propos de ses citations donnait à sa conversation un charme qui intéressa plus d'une fois Louis XVIII : mais le barreau était resté le culte de sa vie, les grandeurs politiques n'en avaient formé que le brillant épisode. La toge de premier président n'avait fait que changer les fonctions de Ravez dans le temple de la Justice. En quittant ces insignes, il retrouvait cette robe d'avocat qui les lui avait mérités ; il s'en revêtit avec un noble orgueil et une infatigable activité.

Toutefois, il jugea que la vie militante était finie pour lui. Cette voix qui avait dirigé les élus de la France, resta comme ensevelie dans ses grands souvenirs. Il ne se fit plus entendre au sein du prétoire, mais il exerça dans le silence de la retraite cette juridiction volontaire que la science prépare, que la confiance consacre et que la reconnaissance perpétue. Il y trouva la vie sereine du magistrat et la vie animée du barreau. Il devint l'arbitre des parties, le conseil des avocats, l'oracle de la cité : toutes les graves questions de la contrée lui furent soumises. Assis au fauteuil de son patriarcal foyer, il semblait présider encore la Cour de Bordeaux, et on a pu dire avec vérité qu'il rendit plus d'arrêts dans son cabinet que sur son siége de magistrat. On sentait en lisant ses écrits, que dans la science du jurisconsulte le magistrat avait laissé l'empreinte de son autorité, et le législateur celle de sa puissance.

Aussi la renommée de ses consultations s'étendait-elle dans toute la France : une consultation de Ravez était devenue un événement judiciaire. Les chroniques du barreau de Paris rapportent qu'un jour le premier président Seguier, dont on cite les mots soudains et les vives réparties, ayant refusé le renvoi d'une cause, le défenseur se leva de nouveau et insista pour donner à une consultation de M. Ravez le temps d'arriver à son client. Le premier président se recueillit alors et reprit avec une respectueuse gravité : « Pour une consultation de M. Ravez la Cour attendra! » et la cause fut renvoyée.

On peut juger si le barreau de Bordeaux se sentait fier de posséder un pareil représentant de la profession d'avocat !

Ses jeunes confrères le vénéraient comme un guide accompli, et lui-même, cédant à cet attrait qu'inspire la jeunesse à la maturité du génie, il les encourageait avec la sollicitude d'un père. Ses anciens émules se le montraient comme un modèle, et les hommages de l'admiration n'excluaient pas les épanchements de l'amitié.

L'amitié, il eut le bonheur de la connaître... cette véritable amitié qui identifie en quelque sorte deux âmes, deux vies, deux renommées; qui inspire presque l'ardeur d'une passion en gardant le mérite d'une vertu.

C'est une telle intimité qui l'avait uni à M. de Saget, avocat plaidant comme lui, puis président à côté de lui à la Cour de Bordeaux, retiré volontairement le même jour, rentré en même temps au sein de ce barreau consultant qui avait ainsi retrouvé deux maîtres. Ils délibéraient souvent ensemble, et on eût dit qu'ils se complétaient mutuellement; ils se recherchaient sans cesse, et l'on ne pouvait concevoir l'un sans l'autre. La mort put seule rompre ce lien. De Saget fut enlevé à Ravez et son affliction fut telle que, pour honorer à la fois la mémoire de l'un et le deuil de l'autre, le Barreau décida qu'au sortir des funérailles, il se rendrait en corps auprès de Ravez, pour porter les silencieuses condoléances de l'ordre à son inconsolable douleur. Il y a, dans ce culte de l'amitié une délicate simplicité qui rappelle les temps antiques (1).

(1) La mémoire de cette intimité fut ineffaçable dans le cœur de Ravez et longtemps après la mort de M. de Saget, il disait en rappelant une des

Au milieu de ses travaux multipliés, Ravez trouvait du temps pour suffire à d'importantes correspondances.

Il avait conservé de nombreuses relations avec ses anciens amis, même avec ceux dont le séparait la politique du jour, Villèle, Corbières, Pasquier, Martignac, et surtout il n'oubliait pas les prisonniers de Ham, dont il aimait à consoler le délaissement.

Je ne sache rien de plus noble et de plus touchant que les lettres échangées entre lui et M. de Chantelauze, son compatriote et le nôtre, auquel l'avaient uni tant de sympathies d'origine, de principes et de destinée.

Une âme ainsi ouverte aux plus purs sentiments devait être le sanctuaire de toutes les affections de la famille. La Providence avait favorisé son foyer. Il habitait avec son fils aîné qui avait montré, dans les fonctions d'avocat général à la Cour de Bordeaux, un talent digne de se faire entendre par son père. Son caractère n'était pas moins digne de lui; il se retira avec lui dans le sein du barreau, et leurs cabinets d'avocat s'ouvrirent à la fois l'un à côté de l'autre. Ce fils, également recommandable par sa piété et par son savoir, ne lui survécut que peu d'années. Il laissa lui-même un jeune fils héritier de ses sentiments, et une fille mariée à un magis-

nombreuses consultations qu'ils avaient délibérées en commun : « Feu M. de Saget et moi à qui on peut dire, en parlant de lui :

Quis desiderio sit pudor aut modus
Tam cari capitis . . . .
. . . .
Nulli flebilior quam tibi.....

Ce souvenir exprimé avec une sensibilité si vraie, et dont nous devons la communication à l'obligeance de M. Grangeneuve, nous a paru digne d'être cité.

trat dont la famille se rattache aux souvenirs du Parlement de Guyenne, et qui se montre fidèle à sa glorieuse adoption, comme au nom de ses aïeux.

Son autre fils, Adrien Ravez, bien qu'habitant souvent la campagne, avait cependant voulu rester inscrit au barreau, et il suffit de le connaître et même de lire ses lettres pour juger à quel point il lui eût été facile de s'y créer une place honorable. Il visitait fréquemment son père, et sa présence venait compléter les joies de la maison paternelle.

C'est au milieu de ces jouissances intérieures que s'épanouissait la verte vieillesse de Ravez. Elle puisait aussi de nouvelles forces dans des consolations plus hautes. Celui qui, à l'âge de vingt et un ans, défendit, au pied de la colline de Fourvières, la liberté des prêtres lyonnais, n'avait jamais oublié la foi de ses pères : mais elle sembla recevoir une impulsion plus vive de ces dernières années où l'âme se fortifie par la pensée du suprême avenir.

Il se plaisait à dire après avoir quitté toutes les présidences politiques et judiciaires : « Il en est une dont les révolutions ne me dépouilleront pas. » C'était la présidence du conseil de fabrique de la paroisse de Saint-Paul, qu'il exerça près de cinquante ans.

Ainsi s'écoulaient ces années qu'on a si bien nommées le soir de la vie.

Ce fut, en effet, pour lui une douce et splendide soirée après les incessantes agitations de son midi : il n'en ressentait pas les ardeurs, il n'en avait gardé que l'éclat. Il savait que pour les vies qui ont monté le plus haut, le plus difficile est de bien finir ; il avait vu tant de beaux génies s'égarer sur les sommets et glisser fatalement dans l'abîme, faute d'avoir su descendre avec dignité dans la tombe.

Aussi avait-il résolu de ne pas interrompre ce paisible repos , mais il était écrit que cette carrière si pleine ne s'achèverait pas sans voir rajeunir ses honneurs parlementaires.

Chacun se souvient des agitations électorales de **1849** : ce furent les journées de juin dans le scrutin. La société fit alors appel à toutes les forces qui l'avaient servie, à toutes les gloires qui l'avaient illustrée.

Ravez ne pouvait être oublié dans ce mouvement d'énergie et de salut : les nuances les plus diverses s'unirent pour lui décerner un mandat de confiance, et l'envoyer à l'Assemblée législative. Ce ne fut pas sans regret qu'il s'arracha à la retraite; mais il n'avait jamais hésité devant le devoir. A vingt-deux ans, il disait à la Jeunesse bordelaise : « Il y a du péril, j'accepte. » A quatre-vingts, il répondait aux électeurs de la Gironde : « C'est un sacrifice, je pars. » Toute une contrée appelait un représentant déjà honoré par elle; aucun serment n'était demandé ; il s'agissait de sauver le pays.

Il alla donc dans cette assemblée, si éclatante par sa composition , si énergique contre le désordre , si impuissante contre ses propres divisions ; qui dota la France de la liberté d'enseignement et rendit à l'Eglise celle de son vénérable chef; mais qui , pressée en tous sens par les partis contraires, flotta dans de perpétuelles incertitudes entre la république et la monarchie.

Quand Ravez reparut après vingt années d'absence dans cette enceinte qui, depuis son départ, avait vu deux révolutions, il trouva tout changé autour de lui. Ses contemporains étaient rares ; le pouvoir avait passé à une génération qu'il n'avait pas connue, mais cette jeune génération, qui ne le connaissait elle-même que par sa renommée, s'inclinait avec une respectueuse déférence devant cet illustre demeurant d'un autre âge. Les années avaient imprimé à ses traits la majesté du temps, sans lui infliger ses ravages. On admirait cette courageuse vieillesse, et l'Assemblée voulait tout à la fois l'honorer et s'en servir.

Ses collègues n'entendirent pas qu'une si éminente science demeurât stérile pour le pays : on lui déféra la présidence de la grande commission de réforme hypothécaire appelée à combler l'une des plus regrettables lacunes de la législation française. Sa haute expérience imprima la plus heureuse direction à ces importants travaux, dont l'opinion publique avait souvent renouvelé le vœu, et dont Casimir Périer avait dès longtemps donné le signal.

S'il eût pu y présider jusqu'à la fin, son autorité eût peut-être sauvé d'un triste avortement cette œuvre si impatiemment désirée; et la France n'en serait plus à attendre encore ce code de vraie publicité, pour lequel toutes les autres nations ont su nous devancer, au grand détriment de notre richesse foncière et de notre juste renommée d'émulation et de progrès.

Mais ce dernier honneur ne devait pas lui être réservé. Ravez quitta Paris au mois de septembre 1849, pour venir prendre part à la session du Conseil général de la Gironde, dont il était resté un des membres les plus actifs et les plus influents. Il avait accepté aussi les fonctions de juré à la haute Cour nationale de Bourges; il savait suffire à tous les dévouements.

Il assista aux premiers travaux du Conseil, et ce fut en sortant de l'une de ses séances qu'il fut saisi par un refroidissement dont les suites furent rapides et fatales. Dès que sa maladie fut connue, l'émotion fut universelle dans la cité : ses collègues, comme toute la population, assiégeaient sa demeure pour s'informer d'une santé si précieuse, mais la Providence avait jugé sa vie pleine et sa couronne gagnée. Après trois jours de maladie, Ravez s'éteignit le 5 septembre 1849.

Sa mort répandit sur Bordeaux un deuil général. Ravez atteignait alors sa quatre-vingtième année, mais de telles morts sont toujours prématurées. Un vieillard dont l'âme est ainsi privilégiée, fait l'orgueil de la cité comme de la famille. Il y a dans ses entretiens, dans ses recommandations suprêmes, je ne sais quoi de suave et d'achevé qui semble déjà ne plus appartenir à la terre.

Cette perte ne fut pas déplorée seulement à Bordeaux, elle fut ressentie à l'Assemblée législative et jusqu'aux extrémités de la France. La ville de Lyon, qui tint toujours une grande place dans ses souvenirs, ne pouvait rester indifférente à de tels regrets, et, malgré les préoccupations de ces temps agités, la pensée des Lyonnais se reporta plus d'une fois sur cette renommée nationale dont leurs pères avaient salué l'aurore.

Mais une telle mémoire méritait ici même un solennel hommage. Les morts vulgaires sont loués au lieu de leur tombe ; il n'appartient qu'aux morts illustres d'être célébrés au lieu de leur origine, et de voir revendiquer leur nom par leur première patrie.

Honorons donc cette noble vie commencée par le courage, éprouvée par l'exil, mûrie par les luttes, brillante par l'éloquence, puissante par les dignités, plus grande par les services, finissant dans la vénération et consacrée par la gloire.

Et maintenant, Messieurs, quel est dans cette carrière si remplie le trait qui domine tous les autres et qui marque le nom de Ravez d'un caractère ineffaçable ? Ce trait, c'est la fixité de l'âme dans la diversité des événements, c'est la fidélité à soi-même, c'est la persévérance dans le bien, qui n'est pas seulement par elle-même une excellente vertu, mais qui fait à elle seule la fécondité de toutes les vertus.

Cette existence se résume en deux mots : contraste dans les situations, unité dans la conduite.

Le jeune avocat fugitif monte de la barre, où il s'était essayé, jusqu'au premier siége de la Cour souveraine qui se rappelait encore ses débuts, et va s'asseoir à la place de Montesquieu.

Le fils d'un modeste commerçant reçoit l'ordre antique du Saint-Esprit et porte les insignes réservés au sang des rois.

Le prisonnier de la Commune de Lyon devient pendant neuf ans le Président des députés de la France.

Et toutes ces prodigieuses alternatives de fortune et de revers, de persécutions et de triomphes n'ont jamais ébranlé sa constance; il est resté inviolablement fidèle à sa foi religieuse, à sa foi judiciaire, à sa foi politique.

La défense du culte de ses pères inspira les premiers efforts de sa parole, et il a fini en acceptant la mission de venir en aide à la religion et à la société menacées.

Il ne se montra pas moins persévérant dans le culte des lois. Jeune homme, il les défendait à la barre; il les appliqua plus tard comme chef d'une Cour souveraine; enfin il les consacra comme représentant du pouvoir parlementaire. Puis, quand il eut quitté toutes les dignités, ce fut encore l'interprétation des lois qui occupa les heures du jurisconsulte, et il travaillait à les réviser comme législateur, quand la mort vint interrompre une vie dévouée tout entière à leur empire.

Que dirai-je de sa foi politique? Il avait pris pour symbole l'alliance de la monarchie héréditaire et de la liberté constitutionnelle; elle reçut ses aspirations dès les beaux jours sitôt troublés de 89; il fut des premiers à la saluer en 1814, et en 1849 il lui gardait encore les dernières espérances de sa vieillesse. Il avait harangué Charles X assis sur son trône, au nom des députés de la France : il alla, en 1834, saluer l'exilé de Prague au nom des rares dévoûments que rien n'ébranle et que rien ne lasse. Il voulut voir les petits-enfants de son roi (1). Il se préoccupait surtout de l'éducation du jeune prince sur la terre d'exil, et, à son retour sur le sol de la France, il ne prononçait jamais son nom sans que des larmes échappées à cette ferme nature vinssent attester les émotions de son impérissable fidélité.

La cause de la vraie liberté ne lui a pas été moins chère. En 1789, il avait applaudi à son triomphe sur l'ancien régime; il la défendit contre l'anarchie, en 1793; et ce fut d'elle qu'il accepta, à quatre-vingts ans, cette élection suprême, digne couronnement d'une carrière dont les suffrages de ses concitoyens avaient fait la grandeur.

La Providence lui avait prodigué les dons les plus difficiles à allier : l'ardeur et le sangfroid, le courage et la prudence, la méditation et l'inspiration, la fermeté et la bienveillance.

Il posséda surtout les deux qualités du cœur et de l'esprit, les plus rares dans notre siècle superficiel et oublieux, la vraie science qui creuse toujours et la vraie fidélité qui ne se dément jamais.

Je m'arrête... j'ai retracé sincèrement les traits de cette grande existence, que pourrais-je ajouter désormais?

(1) Il écrivait en parlant d'eux : « La sœur tient déjà tout ce que le frère promet. » Il présageait les hautes qualités d'une princesse, dont tous les partis ont récemment déploré la perte.

En contemplant ces pures et généreuses mémoires, ne ressentez-vous pas l'invincible attrait de cette grandeur morale qui est à la fois un enseignement et une espérance? Ne dirait-on pas qu'on se fait meilleur en les aimant, et que l'admiration est déjà un pas vers la vertu?

Il est des vies dont la fortune a fait le mérite, d'autres dont le mérite a fait la fortune. Pour les unes, la grandeur n'est qu'un éclat emprunté dont le reflet s'éclipse avec l'auréole du pouvoir. Pour celles-là la retraite c'est la déchéance; la mort, c'est l'éternel oubli; le piédestal brisé, la statue s'abaisse et disparaît pour toujours. Les autres n'ont pas besoin de piédestal; les dignités ne sont pour elles qu'une couronne passagère, et quand le vent des révolutions l'emporte, il reste celle de l'honneur que l'adversité ne saurait briser et que la postérité relève. L'homme demeure aussi grand que la veille, quelquefois plus grand; le temps est pour lui. A mesure que les préjugés du passé s'éloignent, les ombres s'évanouissent et la face s'illumine. Puis, quand il est entré dans cette grande retraite de la mort, la Renommée s'assied sur sa tombe, les vains bruits se taisent devant elle, mais le parfum des vertus s'exhale chaque jour davantage. On dirait que la transfiguration de l'éternelle récompense projette déjà sur la gloire humaine les rayons mystérieux de son incomparable splendeur.

Et au moment même de ce solennel hommage qui ressemble à une naturalisation nouvelle dans sa ville natale; en présence de ces descendants qui reviennent, après deux générations, rajeunir leur origine auprès du berceau de leur aïeul, je crois voir planer au-dessus de nous cette noble figure qui montre à notre jeunesse comment on grandit sans changer, aux anciens comment on finit sans déclin, à tous comment on demeure après avoir fini; comment on quitte les sommets sans descendre, et la terre sans mourir.

Pour moi, Messieurs, je me sens fier d'achever le cours de cette présidence en adressant à cette illustre mémoire un respectueux tribut. Puissent ces accents venus de sa première patrie retentir jusqu'à la seconde, et trouver un écho dans ses annales ! Que toutes deux se partagent son immortalité comme elles se partagèrent sa vie : que ce nom vénéré reste l'inaltérable symbole d'une fraternelle alliance entre ces deux grandes métropoles de nos provinces de France !

Que nos enfants s'instruisent à ce souvenir et s'animent à cet exemple ; que cette généreuse jeunesse devienne à son tour l'orgueil de ses pères, et que la cité confiante dans son inépuisable fécondité, puisse, en contemplant ses gloires passées, saluer déjà ses grandeurs futures !....

Lyon. — A. Vingtrinier.

www.ingramcontent.com/pod-product-compliance
Ingram Content Group UK Ltd.
Pitfield, Milton Keynes, MK11 3LW, UK
UKHW022134260726
13993UKWH00003B/1438

9 782329 149547